Judith Kohlenberger

Inhalt

13   Vorwort

17   Wer ist Wir?

29   Privilegien erkennen

41   Reject your privilege

45   Wachstumsschmerzen aushalten

57   Abgrenzen, aber nicht abwerten

71   Ausgrenzung schadet allen,
        nicht nur den Ausgegrenzten

81   Vorurteile reflektieren

91   Warum Wir?

100   Anmerkungen

für
uns

We know what we are,
but know not what we may be.

(William Shakespeare, Hamlet, 4. Akt, 5. Szene)

Die Anthropologin Margaret Mead wurde von einer Studierenden gefragt, was sie als erstes Zeichen für Zivilisation in einer Kultur betrachte.

Meads Antwort war, dass das erste Zeichen für Zivilisation ein gebrochenes und wieder zusammengeheiltes Femur (lat. für Oberschenkelknochen) sei. Sie erklärte, dass man im Tierreich stirbt, wenn man sich ein Bein bricht. Man kann weder vor Gefahren davonlaufen noch zum Fluss gehen, um etwas zu trinken, oder nach Nahrung suchen. Für herumstreifende Raubtiere ist man leichte Beute. Kein Tier überlebt lange genug, damit ein gebrochener Knochen heilen kann. Ein wieder verheiltes Femur sei ein Beweis dafür, dass sich jemand Zeit für den Verletzten genommen, seine Wunde verbunden, ihn in Sicherheit gebracht und bis zur Genesung gepflegt hat. Jemand anderem durch Schwierigkeiten zu helfen und beizustehen, ist der Beginn der Zivilisation. Wir sind am besten, wenn wir für andere da sind. Seid zivilisiert.

Ira Byock. *The Best Care Possible: A Physician's Quest to Transform Care Through the End of Life* (2012). Eigene Übersetzung.

Vorwort

Dieses Buch wurde während des ersten Corona-Lock-downs im März und April 2020 verfasst. Selten wurde so oft ans „Wir" appelliert wie in diesen außergewöhnlichen und herausfordernden Zeiten. In nahezu täglichen Pressekonferenzen, Liveschaltungen ins Bundeskanzleramt und Video-Sprechstunden riefen Bundeskanzler, Vizekanzler und die Minister*innenriege zu Einheit und Solidarität auf: „Jetzt müssen wir zusammenhalten!", „Gemeinsam schaffen wir das!", „Wir bleiben zuhause!", „Wir lassen niemanden zurück!" Die Liste an Stehsätzen zur Einschwörung der Bevölkerung auf den ultimativen Zusammenhalt ließe sich noch lange fortsetzen.

Die kontinuierliche An- und Ausrufung eines nationalen Schulterschlusses verdeutlichte bei näherer Betrachtung aber rasch, dass das inflationäre Wir nicht nur Einheit schaffen, sondern auch Spaltung erzeugen kann. Mitunter waren unter dem vermeintlich allumfassenden Wir nur ganz bestimmte Adressat*innen gemeint: Der Bundeskanzler wandte sich in seinen Ansprachen beharrlich an die „Österreicherinnen und Österreicher" und klammerte so, bewusst oder unbewusst, die 1,4 Millionen in Österreich lebenden Menschen mit ausländischer Staatsbürgerschaft aus. Die Ausgangsbeschränkungen schienen mit dem Bild einer sehr eng definierten Bevölkerungsgruppe im Hinterkopf verfasst worden zu sein, wie auch ihre Kommunikation in einer breit angelegten Infokampagne zeigte. Zu sehen war die klassische, gutbürgerliche Kernfamilie – Vater, Mutter, maximal zwei Kinder – in großzügigen Wohnlandschaften in sanften Weiß- und Beigetönen. Die Teenagertochter vorm eigenen Laptop, der kleine Sohn hilft der Mama artig beim Backen, Papa liest ein gutes Buch. Das hier dargestellte Wir war häuslich, wertkonservativ, weiß und sauber, mittelständisch, in jedem Sinne aufgeräumt und geordnet. Die Lebenssituation von Einpersonenhaushalten, Patchworkfamilien, alternativen Lebens- und Familienformen und prekären Wohnsituationen wurde aus diesem scharf begrenzten Wir geflissentlich ausgeklammert.

Die Krise verengte also den Blick, führte aber gleichzeitig vor Augen, wer schon lange vor COVID-19 systematisch vom Wir ausgeschlossen blieb: Geflüchtete, Menschen mit nichtösterreichischer Staatsbürgerschaft, undokumentierte Migrant*innen, *persons of color* – in Österreich sind das oft Menschen, die eben nicht der bürgerlichen Mittelschicht angehören. 47 Prozent der Ausländer*innen und 43 Prozent der Menschen mit Migrationshintergrund sind als Arbeiter*innen tätig, das sind in etwa doppelt so viele wie Menschen ohne Migrationshintergrund.[1] Herkunft und sozioökonomischer Stand sind somit oft eng miteinander verschränkt. Von der Corona-Krise waren diese Menschen als Systemerhalter*innen disproportional stark betroffen, gleichzeitig aber auch anhaltender Diskriminierung aufgesetzt und häufig von medizinischer Behandlung ausgeschlossen. Nicht nur in Zeiten einer Pandemie entscheidet die Zugehörigkeit zum Wir über Leben oder Tod.

Die Absicht dieses Buches ist, seinen Leser*innen die Bestärkung zu geben, dass ein anderes Wir möglich ist. Ein Wir, das niemanden zurücklässt. Ein Wir, das nicht auf Ausgrenzung oder Abwertung beruht, sondern auf Miteinander und Füreinander, das aber die vielen Diskussionen, Debatten bis hin zu offen ausgetragenen Konflikten, die eben jede Form der menschlichen Beziehung mit sich bringt, nicht ausklammert, negiert oder als Beweis für das Scheitern dieses Miteinanders versteht. Ein Wir, das sich im ständigen Zusammenwachsen und

Zusammenraufen befindet und die damit verbundenen Schmerzen wahr- und ernst nimmt. Denn dem Wir, das dieses Buch imaginieren will, soll es nicht ums vielzitierte und noch öfter kritisierte „Gleichmachen" gehen, ganz im Gegenteil: Die Abgrenzung vom und zum anderen ist ein psychologisches wie soziales Grundbedürfnis, mitunter sogar ein epidemiologisches. Es ist ein Wir, in dem auch das Du und das Ich Platz haben.

Um an solch einem neuen Wir zu arbeiten, braucht es eine gemeinsame Vision, wie dieses aussehen soll. Diese Vision kann nur gemeinsam erdacht, erarbeitet und erstritten werden. Eine erste Inspiration dafür mögen vielleicht die folgenden Seiten geben.

Wer ist Wir?

Lassen Sie mich gleich vorweg mit dem Paradoxen beginnen: Das Wir gibt es nicht. Es existiert schlichtweg nicht. Klar, jede und jeder von uns existiert, aber eben als Individuum, nicht in der Summe. Egal wie viel man mit anderen gemeinsam hat, wie viel uns verbindet, welche Merkmale man teilt – es gibt immer etwas, was uns vom anderen unterscheidet. Politiker*innen können noch so oft ans Wir appellieren, keiner wird dadurch mit einem anderen verschmelzen. Das Du und das Ich lassen sich benennen, aufrufen, auf der Straße ansprechen, durch Namen appellieren, in der materiellen Welt anschauen und angreifen. Das Wir dagegen bleibt flüchtig, schwer fassbar, wandel- und undefinierbar.

Gleichzeitig gibt es ganz viele ungreifbare Wirs. Das kleinste Wir sind zwei Menschen, die sich als Einheit begreifen, etwa in einer Paarbeziehung oder einer Freundschaft, aber auch als Team im beruflichen Kontext. Ein Wir erlebt man tagtäglich als Teil einer Gemeinschaft, sei es als Familie, als Verwandtschaft oder Sippschaft, als Clique oder Sportteam, als Abteilung oder Organisation, als Verein oder Versammlung, als WhatsApp-Gruppe oder Freundesrudel, als Dorfgemeinschaft, Bezirks- und Landesangehörige*r und nicht zuletzt als Bürger*in in einem Staatswesen, in dem man natürlich nicht jedes andere Mitglied des Wir persönlich kennen oder gar mögen muss, um sich dennoch als Teil eines Gemeinsamen zu fühlen.

Der Politikwissenschaftler Benedict Anderson bezeichnete diese letztere Version des Wir als „imagined community".[2] Eine Nation sei das Paradebeispiel einer solchen sozial konstruierten Gemeinschaft, an die all jene, die sich dieser Nation zugehörig fühlen, glauben, auch wenn sie sich ihr ganzes Leben lang nie persönlich treffen, austauschen oder etwas tatsächlich Gemeinsames schaffen können. Um das Wir als diese Art der „imaginierten Gemeinschaft" zu begreifen, brauchen wir eine minimale Vereinheitlichung, eine Art kleinsten gemeinsamen Nenner, etwas, was uns vereint. Im Falle der Nation ist das rein formal unser Reisepass, also die Staatsbürgerschaft, aber auf der wesentlich wichtigeren emotionalen Ebene sind es vor allem vermeintlich geteilte Werte, Ansichten, Interessen, Einstellungen, Mentalitäten, Eigenschaften und Erfahrungen.

Genau das verdeutlicht bereits einen der Fallstricke in der landläufigen Wahrnehmung des Wir. Das Wir ist nie homogen, auch wenn manche dieser Wirs gerne den Anschein erwecken, sie wären es. Das Idyll einer absoluten Gleichheit ist so verführerisch wie trügerisch. Nun gibt es natürlich bestimmte Merkmale, die jedes Mitglied eines Wir teilt (zum Beispiel den gleichen Nachnamen, das Interesse an Tischtennis oder den gleichen Reisepass), aber auch viele andere, die sich unterscheiden (zum Beispiel der Vorname, das Alter oder die Hautfarbe). Das führt zu der Frage, welche der Merkmale erfüllt sein müssen, um Teil eines Wir werden zu dürfen, und welche optional sind. Nicht selten sind diese Merkmale bei näherer Betrachtung wesentlich weniger absolut und universell, als sie den Anschein erwecken, sondern kontextgebunden und variabel in ihrer tatsächlichen Bedeutsamkeit.

Das offenbart den zweiten Fallstrick, nämlich die Tatsache, dass wir alle Teil vieler verschiedener Wirs sind. Je nach Lebenssituation und Kontext werden wir diese Wirs aktivieren oder negieren, verstärken oder abschwächen, verstecken oder betonen. Das begründet sich in unserer persönlichen Identität und unseren unterschiedlichen sozialen Rollen, die wir tagtäglich einnehmen, aber auch aus dem politischen und rechtlichen Gefüge, in das wir eingebettet sind. Laut einer Umfrage des Market-Instituts aus dem Jahr 2018 verbinden 69 Prozent der Befragten mit „Wir" ihr Heimatland Österreich, ähnlich viele ihre Familie und ihren Bekannten- und Freundeskreis. Mit anderen Zugehörigkeiten scheint man sich hierzulande schwerer zu tun. Während in Deutschland knapp 70 Prozent der Befragten Europa als „Wir" definieren, sind es in Österreich nur 29 Prozent.[3] Ein Zusammenspiel aus individuellen und strukturellen Gründen ist also dafür verantwortlich, dass uns die Zugehörigkeit zu einem ganz bestimmten Wir wichtig erscheint, dass es uns stolz macht und wir es vor uns hertragen, während wir ein anderes Wir lieber loswerden oder uns davon abgrenzen wollen. Das allerdings ist mitunter gar nicht so einfach.

Denn: Die Zugehörigkeit zu manchen dieser Wirs können wir uns aussuchen (Tischtennisverein), viele andere sind aber zumindest teilweise vorgegeben (Familie, Nation). Zu Letzteren gehören vor allen Dingen die großen, bestimmenden Wirs unseres Daseins, darunter Geschlecht, soziale Klasse, Ethnizität und Nationalität. Auch manche dieser großen Wirs kann man ändern, aber oft nur unter Aufwendung erheblicher persönlicher wie materieller Ressourcen. Das Wir ist deshalb nicht beliebig, sondern determiniert vielfach unseren Lebensweg, unsere Chancen und Privilegien *(siehe Kapitel*

Privilegien erkennen, S. 29) und sogar unsere Lebens-qualität. Einer Market-Umfrage zufolge ist das Wir-Gefühl für 87 Prozent der Österreicher*innen wichtig für das eigene Leben, für 40 Prozent sogar sehr wichtig.

Die hohe Bewertung des Wir im Alltag ist nur folgerichtig, denn zum Wir zu gehören, impliziert nicht nur, gewisse Merkmale zu teilen, sondern bringt auch konkrete Rechte, Handlungsspielräume und Macht mit sich. Das zeigt sich wiederum am deutlichsten bei den großen Wirs unseres Lebens. „We the people", beginnt die amerikanische Verfassung so hochtrabend wie eindringlich, und als Souverän hat dieses *We* bzw. Wir die Hoheit über das größte Gemeinsame, den Staat. Wer Teil dieses Wir ist, hat sich im Lauf der Geschichte der USA wie auch Österreichs teils radikal geändert, und das tut es auch heute noch. Noch immer kämpfen viele Menschen tagtäglich darum, an der Macht des Wir teilhaben zu dürfen.

So sind beispielsweise Migrant*innen in Österreich und in vielen anderen europäischen Ländern weiterhin vom Wahlrecht ausgeschlossen, weil sie nicht die Staatsbürgerschaft des Landes besitzen, in dem sie leben, arbeiten und Steuern zahlen. Allein in Österreich betrifft das 1,2 Millionen Menschen, in Wien mehr als ein Drittel der Wohnbevölkerung. Diese rechtlichen Gegebenheiten haben auch Auswirkungen auf das gefühlte Wir: Nur 48 Prozent der Befragten in der oben erwähnten Market-Umfrage betrachten Ausländer*innen und Migrant*innen als Teil des Wir, bei Geflüchteten sind es gar nur 45 Prozent.

Das Wir kann also nicht nur inkludierend, sondern auch exkludierend wirken, weil es notwendigerweise einer Abgrenzung von jenen bedarf, die eben nicht Wir sind *(siehe Kapitel Abgrenzen, aber nicht abwerten, S. 57)*. Wir sind der Sportverein *Grüne Wiese*, weil wir nicht der Sportverein *Rote Mamba* sind. Wir sind Städter*innen, weil wir keine Provinzler*innen sind. Wir sind Österreicher*innen, weil wir eben keine Deutschen, Amerikaner*innen oder Nigerianer*innen sind. Diese Konzeption des Wir aus dem Negativen ist die banalste, aber gleichzeitig oft die eindrücklichste und emotionalste Form der Wir-Findung: Wir definieren uns über das, was wir alles nicht sind. Wir sind eben nicht die anderen.

Besonders gekonnt setzen nationale populistische Strömungen auf diese negative Definition des Wir, indem „das Volk" gegen jene „da oben" ausgespielt wird, also die Eliten, allen voran die EU, die aufgeklärte Wissenschaft, die etablierte Regierung, korrupte Bürokraten oder der jüdische Geldadel, aber auch gegen jene „da draußen", also gegenüber Ausländer*innen. Bei genauerem Hinsehen beruht Letzteres aber weniger auf dem so banalen wie zufälligen Umstand, Außenstehende*r zu sein, sondern auf rassistischer Ablehnung. Es ist die

Hautfarbe und weniger der Reisepass, die manche Menschen aus dem großen Wir des „Volkes" ausschließt. Allein die Unterscheidung zwischen gut ausgebildeten Expats aus Ländern des globalen Nordens und bedürftigen „Asylanten" oder „Wirtschaftsmigranten" aus Ländern des Mittleren Ostens und globalen Südens verdeutlicht das akut. Schon die rhetorische Abgrenzung und Abwertung erzeugt eine Art innere Verteidigungshaltung, die durch ein diffuses Bedrohungsgefühl das eigene, enge Wir stärkt und auf Zusammenhalt einschwört. Der Ökonom und Nachhaltigkeitsforscher Fred Luks nennt das in seinem Buch *Ausnahmezustand* ein „kuhwarmes ‚Wir-Gefühl'", basiert es doch auf gesteigerter, oft unreflektierter Emotionalisierung.[4]

Dieses spontane, freudentrunkene Gefühl, Teil eines größeren Ganzen, eines Kollektivs zu sein, kennen wir alle aus dem Alltag: Der Sieg der eigenen Fußballmannschaft oder der erfolgreiche Abschluss eines Teamprojekts stärken unser Wir-Gefühl abrupter und nachhaltiger als jede trockene, abstrakte Anrufung des Kollektiven. Hinter all der Emotion im Siegestaumel steht aber in beiden Fällen harte Arbeit und gemeinsame Anstrengung. Etwas im Team geschafft zu haben, fühlt sich nicht nur wegen des schlussendlichen Erfolgs so gut an, sondern auch wegen des gemeinsam zurückgelegten Wegs, wegen der zusammen überwundenen Hürden, wegen der Höhen und Tiefen, die wir kollektiv gemeistert haben. War die gegnerische Mannschaft ohnehin von Beginn an unterlegen, fällt die Freude über den Sieg wohl weit weniger euphorisch aus, als wenn gleich zu Beginn unser Mittelfeldstürmer ausgewechselt werden musste, wir ein schweres Foul erlebt haben und der Schiedsrichter nicht unbedingt zu unseren Gunsten entschieden hat. Das alles sind Widrigkeiten, die einer gemeinsamen Anstrengung bedürfen, und die wir schlussendlich gemeinsam gemeistert haben.

Mit unseren Kolleg*innen wachsen wir dann zusammen, wenn das gemeinsame Projekt viele schwierige Schritte enthält, uns Überstunden und Wochenendarbeit abverlangt, die Finanzierung unsicher bleibt und uns an unsere Grenzen bringt. Wir erleben, dass der Feiertagsdienst leichter zu bewältigen ist, wenn wir ihn gemeinsam bezwingen können, wenn wir unsere individuellen Stärken, aber auch Schwächen einbringen dürfen. Das Erkennen und Annehmen dieser Schwächen aller Teammitglieder ist es aber auch, was den Weg zum Erfolg steinig macht und uns als Team auf die Probe stellt. Die eine von uns kann zwar exzellent Feedback geben und Fehler anderer erkennen, aber selbst keine guten Texte formulieren. Ein anderer schafft das Texten mit links, hat aber Schwierigkeiten mit der grafischen Darstellung, für die jemand Talent zeigt, der ganz andere Vorstellungen vom Gesamtkonzept hat. Einer hat am Wochenende Kinderbetreuungspflichten und fällt deshalb immer genau dann aus, wenn die anderen in den Endspurt gehen. Wie gehen wir damit um, wenn bei der Endpräsentation alle vorne stehen wollen, es aber nur Platz für drei von uns gibt? Wer darf, wer muss das letzte Wort haben? Wessen Stimme hat wie viel Gewicht; und darf die teilzeitarbeitende Kollegin genauso viel mitbestimmen wie der Kollege, der abends als Letzter das Büro verlässt, oder nur so viel wie die Praktikantin?

Die Erarbeitung des Wir (denn ja, es ist Arbeit) ist also nicht einfach, bequem oder selbsterfüllend, sondern häufig das genaue Gegenteil. Das gilt nicht für ein Wir-Gefühl in der Mannschaft oder im Fußballverein, sondern auch für die großen Wirs dieser Welt, allen voran jene der Nation. „Das demokratische ‚Wir' ist keine Tatsache, die man einfach so konstatieren kann, sondern ein anstrengender Prozess, bei dem Zugehörigkeit immer wieder neu ausgehandelt und erstritten wird", wie es der deutsche Politikwissenschaftler Jan-Werner Müller in seinem Essay „Was ist Populismus?" formuliert.[5]

Dafür gibt es zahlreiche historische Beispiele, allen voran die Tatsache, wie sich unterschiedliche gesellschaftliche Gruppen nach und nach ihre politische Teilhabe in Form des Wahlrechts erstritten haben. Demokratisch betrachtet waren Frauen noch vor hundert Jahren nicht Teil des Wir, zumindest nicht Teil des Wahlvolks und damit des Souveräns. Heute vollziehen sich, wenn auch langsam und unter großer Anstrengung, weitere Debatten um die Öffnung des Wahlrechts, etwa für Menschen mit kognitiver Beeinträchtigung oder Menschen ohne österreichische Staatsbürgerschaft. Ähnlich wie Suffragetten beim Kampf um die Erweiterung des Wir ins Gefängnis oder gar ums Leben kamen, demonstrierten im Arabischen Frühling unterdrückte, rechtlose und von Armut betroffene Bürger*innen für mehr Mitbestimmung, gegen Korruption und für Schutz vor einem repressiven Sicherheitsapparat.

Das gemeinsame Wir wird also aus Streit, Debatte und Auseinandersetzung geboren, wer es pathetisch mag: aus Blut, Schweiß und Tränen. Diese Geburt des Wir ist nicht final, sondern vielmehr ein stetiger, lang andauernder, äußerst dynamischer Prozess. Ein Prozess, der gar nie abgeschlossen sein kann, eben weil immer neue Gruppen ins Wir drängen, während es andere gibt, die sich ob dieses Hineindrängens bedroht fühlen und es zu verhindern suchen. So war etwa die Frage „Gehört der Islam zu Österreich?" noch vor fünfzig Jahren unvorstellbar; mittlerweile trauen sich selbst Politiker*innen rechts der Mitte immer weniger, die Frage absolut zu verneinen. In relativ kurzer Zeit hat sich die Konzeption des Wir also ziemlich radikal verändert, und sie tut es weiterhin. Die neuen und die neu hinzukommenden Teile des Wir sind im stetigen Austausch, vom vorsichtigen ersten Beschnuppern bis hin zur offenen Konfrontation. Vielleicht führt uns das zu einer neuen, auf den ersten Blick wenig optimistisch stimmenden Definition: Das Wir ist ein ständiger Streit, den wir aushalten müssen *(siehe Kapitel Wachstumsschmerzen aushalten, S. 45)*.

Aber vergessen wir nicht die produktive Seite von Streit, Konflikt und Auseinandersetzung, die ich persönlich, selbst als gelernte Österreicherin, viel mehr schätze als andauernde, vermeintliche, schale Harmonie. Dabei sind uns vielleicht die privaten Wir-Gefühle näher als das nationale, demokratische Wir. Wer nicht im sozialen Vakuum lebt, weiß, dass jede Familie, jede Paarbeziehung, jede Freundschaft auf ständigem Aushandeln beruht, dass sich die Qualität einer privaten Beziehung erst dadurch zeigt, wie offen wir Konflikte thematisieren. Das raten uns nicht nur zertifizierte Paartherapeut*innen und Psycholog*innen, das haben die meisten von uns schon am eigenen Leib erfahren. Nur Beziehungen, in denen die absolute Gleichgültigkeit Einzug gehalten hat, sind konfliktfreie Beziehungen. So mühsam unsere negativen Gefühle wie Eifersucht, Wut oder Traurigkeit sind, so deutlich führen sie uns auch vor Augen, dass uns das Gegenüber, welches diese Gefühle auslöst, nicht egal ist. Eben weil wir noch immer Teil eines gemeinsamen Wir sind und deshalb Anteil daran nehmen, wie es einem anderen Teil dieses Wir mit uns geht. Dauernde Harmonie macht nämlich kein besseres, inklusiveres, gleichberechtigteres Wir, sondern höchstens Magendruck.

Wie in jeder zwischenmenschlichen Beziehung Streit immer auch ein Ausdruck für emotionales Investment in ebendiese ist und das Gegenteil von Teilnahmslosigkeit darstellt, so können in einem affirmativen Verständnis gesellschaftliche Konflikte, Reibungen und Debatten als Ausdruck der genuinen Anteilnahme am Gemeinwesen gelesen werden. Die gesellschaftliche wie politische Situation, ob national oder global, ist vielen eben nicht (mehr) egal; etwas Wichtiges, Fundamentales steht auf dem Spiel, auch deshalb, weil heute mehr soziale Gruppen denn je *a stake in the game* haben und ihre Stimmen einbringen können. Nun gilt es, dieses offenkundige emotionale Investment auch tatsächlich als etwas Positives, Produktives zu begreifen und sein Potenzial für ein gestärktes Wir zu nutzen.

Der erste Schritt zum produktiven Streit ist die Reflexion: Sich selbst zu kennen und die eigene Position ehrlich und ungeschönt wahrzunehmen, ist notwendig, bevor man sich dem Gemeinsamen zuwendet. Dazu gehört auch zu verstehen, inwiefern wir alle durch Zugehörigkeit zu ganz unterschiedlichen Wirs Tag für Tag profitieren, ohne es zu wollen oder gar zu bemerken.

Privilegien erkennen

Die Corona-Krise hat uns frappant vor Augen geführt, wie ungleich unsere Gesellschaft tatsächlich ist. In einem geräumigen Apartment mit Dachterrasse oder einem Haus mit Garten ließen sich die langen Wochen der sozialen Isolation wesentlich angenehmer ertragen als in einer dunklen Zweizimmerwohnung, die man sich mit Partner*in und Kindern teilt. Mancherorts genoss man die neu gewonnene Freizeit und ging mittags laufen, während einige Meter daneben Arbeiter auf der Großbaustelle weiter schwitzten und sich Angestellte im Supermarkt anhusten lassen mussten. Auch die nun langsam spürbaren Konsequenzen der Schulschließungen sind sozial selektiv: Während Kinder aus Mittelstandsfamilien die „Lernpause", die ihnen COVID-19 zwangsweise bescherte, spielend aufholen können, fällt das ihren Mitschüler*innen aus bildungsfernen Haushalten deutlich schwerer.

Es bleibt zu hoffen, dass uns Corona neben nachbarschaftlicher Solidarität und neuen Hygienegewohnheiten also auch gelehrt hat, andere Lebensrealitäten wahrzunehmen und daraus resultierendes Verhalten nicht automatisch abzuwerten, die eigenen Privilegien zu reflektieren und die moralische Überlegenheit zurückzufahren; zu begreifen, dass soziale Ungleichheit am Ende allen schadet, weil sie kooperatives Verhalten in der Krise erschwert oder gar verunmöglicht.

Dieses Level an Reflexion gilt es zu pflegen und tagtäglich anderen angedeihen zu lassen. *Walk a mile in someone else's shoes,* besagt ein amerikanisches Sprichwort, das sehr schön zum Ausdruck bringt: Man muss die Erfahrungen, Probleme, inneren Konflikte, Gedanken und Gefühle eines Menschen kennen, bevor man ihn für seine Handlungen be- bzw. verurteilt. Leider ist dieser Rucksack, den jede und jeder Einzelne von uns tagtäglich mitträgt, der manchmal schwerer, manchmal leichter wiegt, aber nie ganz abgenommen werden kann, selten für andere sichtbar. Was dem einen leicht von der Hand geht, ist für die andere schwer, weil sie nicht genug Geld dafür hat, keine sozialen Netze, gesundheitliche Probleme und schlechte Erfahrungen gemacht hat, die sie nachhaltig prägen. Das alles wissen wir aber im konkreten Fall selten, und so schleicht sich schon mal der moralische Zeigefinger ein: Geht das da nicht schneller an der Supermarktkasse? Warum ist der Nachbar schon wieder so unfreundlich? Wieso ernährt sich mein Kollege so ungesund? Selbst schuld, wenn sie der Rücken plagt, sie sollte mehr Sport machen, das ist doch ganz leicht!

Wenn ich aber weiß, dass die Supermarktkassiererin die halbe Nacht wach war, um ihr krankes Kind zu betreuen, dass der Nachbar starke Knieschmerzen hat und deshalb grantig ist, dass mein Kollege gerade eine Scheidung durchlebt und seinen emotionalen Stress durch Fast Food kompensiert, dass meiner Freundin aufgrund ihres Übergewichts schon während der Schulzeit der Sport auf ewig verleidet wurde, weil man sie beim Volleyball immer als Letzte ins Team gewählt und beim 100-Meter-Sprint ausgelacht hat, dann ist es vielleicht ein bisschen einfacher, Nachsicht zu üben und Empathie für andere zu empfinden. Gleichzeitig werde ich mir meiner Privilegien bewusst: gesunde Kinder bzw. geteilte Betreuungspflichten mit dem Partner, keine körperlichen Beschwerden, eine intakte Beziehung, einen normschönen Körper, keine Mobbingerfahrung als Kind.

Neben der individuellen Reflexion von Privilegien ist aber auch die strukturelle Ebene eine bedeutende, die wir nicht aus den Augen verlieren dürfen. Privilegien Einzelner, vor allem weißer, gesunder Menschen, ergeben sich aus globalen wie auch lokalen Macht- und Herrschaftsverhältnissen und sind vielfach so naturalisiert, dass sie gar nicht bemerkt oder wahrgenommen werden. Man nimmt es als selbstverständlich hin, kostenlosen Zugang zu hochwertiger Gesundheitsversorgung oder Bildung zu haben, während einige hundert Kilometer weiter geflüchtete Kinder und Jugendliche in bosnischen oder griechischen Lagern weder sauberes Trinkwasser noch nahrhaftes Essen bekommen. Dieser radikale Vergleich bringt zum Ausdruck, dass Privilegien nicht nur darüber entscheiden, ob man halt mehr oder weniger angenehm durch die soziale Isolation der Corona-Krise kommt – nein, Privilegien entscheiden übers nackte Überleben. Während der Pandemie waren in Österreich und vielen anderen westeuropäischen Ländern Migrant*innen überdurchschnittlich oft als Systemerhalter*innen im Einsatz und damit nicht nur einer höheren Last, sondern auch einem höheren Risiko ausgesetzt: Während der Anteil von Migrant*innen in der österreichischen Gesamtbevölkerung etwa rund 17 Prozent entspricht, sind im Bauwesen 30 Prozent der Beschäftigten ausländische Staatsangehörige, im Handel 20 und in (öffentlichem) Verkehr und Logistik 27 Prozent.[6] Im Gesundheitswesen hat jede dritte nichtakademische Krankenpflegekraft Migrationshintergrund, bei den akademischen Fachkräften sind es noch wesentlich mehr.[7]

Nicht nur am Arbeitsmarkt, auch im Bereich der globalen Mobilität sind Privilegien deutlich sichtbar. Bereits vor Corona entschied der Reisepass, und somit die Nationalität, die einem eben durch Geburtsrecht (ob mittels *ius sole* oder *ius sanguinis*)[8] ohne eigenes Zutun zugesprochen wurde, wie frei man sich auf unserer Welt bewegen konnte, in welches Land man reisen und wo man (temporär oder auf Dauer) bleiben durfte. Im *Global Passport Index*, dem Ranking der „besten" Reisepässe mit den meisten Reise- und Visafreiheiten, stehen Industrienationen aus dem globalen Norden ganz oben, darunter Deutschland, Finnland und Luxemburg – also Länder mit typischerweise weißer Bevölkerung.[9] Auf den niedrigsten Rängen finden sich Länder mit dem höchsten Fluchtaufkommen: Syrien, Afghanistan, Irak, Somalia und Pakistan. Dass Letzteres gleichzeitig jenes Land ist, das im Rekordjahr 2015 nach der Türkei weltweit die meisten Geflüchteten aufnahm (rund 1,6 Millionen), entbehrt nicht einer traurigen Ironie.[10]

Die Erkenntnis, dass die eigene Mobilität durch Privilegien wie Hautfarbe und Herkunft bestimmt wird, gewann während der Pandemie an Fahrt, bestätigte sich doch genau das, was viele Expert*innen gleich zu Beginn der Krise konstatierten: Bestehende Ungleichheiten werden verschärft. Man könnte auch zynischer formulieren: Die, die es vor der Krise schon angenehm hatten, konnten sich auch danach auf das

Polster verlassen, das ihnen ihre Privilegien beschert. Auslandsösterreicher*innen wurden, unter teils massiver Aufbietung finanzieller und staatlicher Ressourcen, aus den entlegensten Winkeln der Erde nachhause geholt. Auch für ältere und pflegebedürftige österreichische Staatsbürger*innen wurden kaum Kosten und Mühen gescheut, um ihre 24-Stunden-Betreuerinnen aus Rumänien und Bulgarien ins Land zu holen. Um die Nahrungsmittelversorgung der Österreicher*innen zu sichern, wurden gar Charterflüge für Erntehelfer*innen organisiert.

Anders verhielt es sich bei Menschen auf Moria, die der Ausbreitung des Virus in engen Flüchtlingslagern unter katastrophalen Bedingungen schutzlos ausgeliefert waren. Die Argumentation der österreichischen Bundesregierung, warum man nicht wie andere EU-Staaten zumindest einige der Kinder und Jugendlichen aufnehmen könne, war an Zynismus kaum zu überbieten: Österreich habe bereits 2015 viel geleistet, und außerdem wolle man keine potenziellen Virenherde ins Land lassen.

Beide Argumente sind so unmenschlich wie nachweisbar falsch. Unabhängig davon, dass im Jahr 2015 die unmittelbaren Nachbarländer Syriens und Afghanistans wesentlich mehr Geflüchtete aufnahmen als die gesamte EU zusammen, entbindet eine einmalige „Leistung" in der Vergangenheit nicht von zukünftiger Verantwortung. Niemand wäre während der Corona-Krise auf die Idee kommen, im April die Intensivbetten im AKH zu reduzieren, weil es im März ja schon so viele Menschen gerettet habe und jetzt bitte das LKH Linz an der Reihe sei. Genauso war die vermeintliche Sorge um Einschleppung von Viren durch die Aufnahme geflüchteter Kinder nur eine vorgeschobene: Rein virologisch betrachtet gab es keinen rationalen Grund, warum manche Personengruppen ohne Gesundheitszeugnis und ohne vorherige Quarantäne einreisen durften, andere aber selbst unter Wahrung aller Sicherheitsmaßnahmen gar nicht.

Vielmehr war die Erlaubnis zur Einreise durch die eigenen Privilegien bedingt: Wer den richtigen Reisepass (Auslandsösterreicher*innen) oder die richtige berufliche Qualifikation und damit ökonomische Verwertbarkeit (Pflegekräfte, Erntehelfer*innen) besaß, wurde unter größter nationaler Kraftanstrengung ins Land geholt, potenzielle Einschleppung von Viren hin oder her. Wer aufgrund des Zufalls seiner Geburt oder mangels Zugang zu Bildung keines dieser Kriterien vorweisen konnte, war ein potenzieller Virenherd und durfte nur nach Vorlage eines Gesundheitszeugnisses einreisen – eine unter den gegebenen Umständen nicht zu erfüllende Anforderung, die einem Einreiseverbot gleichkam. Es gab also keine epidemiologisch fundierte, rationale Begründung, warum manche Menschen einreisen durften und andere nicht. Die Erlaubnis begründete sich einzig und allein durch die Privilegien, die manche von ihnen genießen, und zwar schon lange vor der Corona-Krise.[11]

All diese Privilegien sind nun deshalb so perfide, weil wir sie zeit unsers Lebens nicht anders kennen. Als Kind wachsen wir wie selbstverständlich mit dem Wissen auf, jederzeit für Urlaub, Studium oder einen Tagestrip in ein anderes Land reisen zu können. Diese Privilegien bedingen sich außerdem gegenseitig, potenzieren sich regelrecht und haften so hartnäckig an uns, dass wir sie schon längst verinnerlicht haben. Und weil Privilegien eben so selbstverständlich erscheinen, meinen wir ganz natürlich, dass sie uns einfach zustehen, dass wir sie uns rechtmäßig durch unsere Leistung erarbeitet haben oder sie halt einfach zu unserer Lebensrealität gehören. Wir sind uns ihrer so gewiss, dass wir gar keine besondere Dankbarkeit oder Wertschätzung mehr zeigen müssen, ja im Grunde gar nicht mehr können. Wie erkennen wir also etwas, das wie eine zweite Haut an uns klebt?

Ein erster Schritt ist es, die sprichwörtliche Komfortzone gedanklich und emotional zu verlassen. Das beinhaltet auch, die vermeintlich eigene Leistung zu hinterfragen. Ist meine derzeitige berufliche wie private Situation tatsächlich rein meinem persönlichen Verdienst zuzuschreiben, oder habe ich, in unterschiedlicher Form und Intensität, von mir inhärenten Privilegien profitiert, ohne das gewusst oder gewollt zu haben?

Eine biographische Arbeit im Kopf, bezogen auf ganz konkrete, persönliche Meilensteine wie z. B. einen Studienabschluss, ein Jobangebot, eine Alltagssituation im öffentlichen Raum, eine Begegnung vor Gericht oder mit der Polizei, kann dabei helfen. Die Liste an Beispielen zeigt bereits, dass das Reflektieren von Privilegien ein mitunter schmerzhafter Prozess sein kann, der am Kern dessen kratzt, was uns ausmacht: an unserer eigenen Identität und unserem Selbstwert – den wir eben auch aus all den Dingen ziehen, die uns im Leben gelungen und auf die wir stolz sind.

Und das dürfen wir auch weiterhin sein, denn: Die eigene Leistung zu hinterfragen und die Rolle von Privilegien kritisch zu reflektieren, bedeutet im Umkehrschluss nicht, diese Leistung zu schmälern oder gar vollständig zu negieren. Tatsächlich ist das Reflektieren und Bewusstmachen von Privilegien mit dem Primat einer Leistungsgesellschaft vereinbar, ja im Grunde eine Voraussetzung für ihre Effektivität. Von Privilegien aufgrund von Hautfarbe oder sozioökonomischem Stand zu profitieren, bedeutet nämlich nicht, nie hart arbeiten zu müssen und sich seinen Erfolg nicht unter großer Anstrengung bis hin zur Selbstaufgabe verdienen zu müssen; keine oder weniger Privilegien zu haben, heißt aber in vielen Fällen, selbst mit harter Arbeit und unter größter Anstrengung von vornherein keine Aussicht auf Erfolg zu haben. Ehrlich und tatsächlich meritokratisch wäre unsere Gesellschaft also dann, wenn eben nur die eigene Leistung und nicht vorgelagerte Privilegien über Erfolg oder Scheitern entscheiden.

Privilegien kann man also als Chancen verstehen, die man ohne eigenes Zutun erhält, aber dennoch selbst nutzen muss. In vielen Situationen haben Menschen mit weißer Hautfarbe diese Chance, wo sie *persons of color* nicht haben: In Österreich werden Menschen ohne Migrationshintergrund im Schnitt doppelt so häufig zu Bewerbungsgesprächen eingeladen wie Nigerianer*innen.[12] Nichtsdestotrotz tragen schlussendlich auch Qualifikation, Wissen und Erfahrungen dazu bei, welche*r weiße*r Bewerber*in die Stelle erhält. Privilegien ergeben sich also immer aus dem Zusammenwirken verschiedener Faktoren. Man kann sie vielleicht mit Rückenwind vergleichen: In einem Radturnier haben jene, die bei günstigen Windverhältnissen starten dürfen, einen Vorteil gegenüber jenen, die mit Gegenwind kämpfen. Dennoch spielen auch die eigene Trainingsleistung, die mentale Stärke und die Tagesform eine Rolle.

In sportlichen Wettkämpfen, von Sprint bis Snowboarden, ist man mittlerweile dazu übergegangen, ungleiche Bedingungen durch die Anpassung von Punkten, Zeiten oder Startverhältnissen zu nivellieren. In der Realität fehlt es noch an solchen Adaptionen. Dadurch liegt es häufig noch an der oder dem Einzelnen, nach dem

Erkennen von Privilegien den nächsten notwendigen Schritt zu tun.

Reject your privilege

Ein amerikanischer Professor, bei dem ich im Zuge einer Sommeruni einen eindrucksvollen Kurs über kulturelle Privilegien absolvieren durfte, bleibt mir für immer mit folgendem Beispiel in Erinnerung: Eine seiner Studierenden in Minnesota, eine weiße, mittelständische junge Frau, hat eine Vorliebe für Hip-Hop und frönt dieser am liebsten bei voller Lautstärke in ihrem getunten Auto. Eines Tages wird sie von der Polizei angehalten. Sie fährt rechts ran, kurbelt die getönte Fensterscheibe hinunter und blickt in das offensichtlich überraschte Antlitz des Polizisten. Er stammelt zuerst eine Entschuldigung, bevor er sie halbherzig (aber zu Recht) auf die Geschwindigkeitsbegrenzung hinweist und ihr sodann einen guten Tag und sichere Weiterfahrt wünscht.

Was der Studentin in diesem Moment bewusst wird, ist, dass der Polizist jemand gänzlich anderen hinterm Steuer vermutet hatte, als er sie zum Rechtsranfahren aufforderte. Sowohl das getunte Auto mit den dunklen Scheiben als auch die laute Hip-Hop-Musik gelten (nicht nur) in den USA als klare Marker einer ganz bestimmten Ethnizität, nämlich der afroamerikanischen. Einer jungen weißen Frau schreibt man einen anderen Musikgeschmack, ein anderes Auftreten und vor allem keine Übertretung des Tempolimits zu. Dass sie ohne Strafmandat und nur mit einem höflichen Verweis davonkommen soll, ist ein klares Beispiel für das Privileg, das sie als Mitglied einer hegemonialen Gruppe in den USA genießt. Das zu reflektieren und sich dessen bewusst zu werden, ist der erste, aber zentrale Schritt *(siehe Kapitel Privilegien erkennen, S. 29)*.

Doch die Studentin belässt es nicht dabei, sondern weist dieses Privileg aktiv von sich, oder auf Englisch: *She rejects her privilege.* Im konkreten Fall bittet sie den Polizisten mit Nachdruck, das Strafmandat, das er ja offensichtlich im Sinn hatte, auszustellen. Und sie spricht offen an, was beide denken: Wäre jemand anderer, nämlich konkret jemand mit nichtweißer Hautfarbe, am Steuer gesessen, hätte er oder sie ganz bestimmt Strafe zahlen müssen, und das wäre in den USA, einem Land mit vielen Fällen dokumentierter Polizeigewalt, noch die geringste Sorge für sie oder ihn gewesen.

Privilegien zurückzuweisen heißt also, ganz konkret Nachteile für sich in Kauf zu nehmen, weil nicht alle die Vorteile, die man aufgrund von Hautfarbe, Aufenthaltsstatus, sozialer Klasse, Religion, körperlicher Unversehrtheit oder anderen Merkmalen, die einem qua Geburt und ohne eigene Leistung zugekommen sind, genießen können. Das ist schmerzhaft und bringt nicht nur finanzielle Einbußen, sondern betrifft oft die eigene Selbstwahrnehmung und Identität.

Aber, und so endete die Parabel meines Professors, es sind genau diese Momente, in denen man den gesellschaftlichen Vertrag, den die Studentin und der Polizist vermeintlich geschlossen haben – nämlich hinzunehmen, dass weiße Menschen ab und an ohne Strafe davonkommen, weil sie einfach keine notorischen Raser*innen oder Rechtsbrecher*innen seien – nicht akzeptiert. Wenn diese stillschweigende Übereinkunft gebrochen und laut zurückgewiesen wird, dann öffnet sich plötzlich das enge, exklusive Wir. Dann gibt es ein Fenster der Möglichkeit (mein Professor nannte es *window of opportunity)*, mag es noch so klein und eng sein, das erkennen lässt, dass eine andere Form des Miteinander möglich ist, in der alle, oder aber niemand, von der Nachsicht des Polizisten profitieren. In der diese Nachsicht vielleicht davon abhängt, was er zu Mittag gegessen oder wie gut er geschlafen hat, aber sicher nicht davon, welche Hautfarbe, welchen Migrationshintergrund und welchen Akzent sein Gegenüber hat.

Denn genau darum geht es beim Aufzeigen von Privilegien: Sie sind keine Zuckerl, die wir denjenigen, die sie genießen dürfen, wegnehmen möchten. Ganz im Gegenteil – Privilegien wie Zugang zu Bildung, Gesundheitsversorgung oder das Recht auf körperliche und psychische Unversehrtheit sind Grundrechte, die allen Menschen zukommen sollen. Es ist ein Privileg von Menschen ohne Migrationshintergrund, dass sie selten in der Öffentlichkeit verbal oder physisch attackiert werden, aber es sollte eine Selbstverständlichkeit für alle hier lebenden Menschen sein.

Diese Privilegien zurückzuweisen oder aktiv abzulehnen, kann und soll also nur ein Zwischenschritt sein. *Reject your privilege* ist ein Zeichen von Solidarität und ein wesentlicher Baustein für ein größeres, inklusiveres Wir. Wir sind alle Menschen, die sich ohne Angriffe im öffentlichen Raum bewegen wollen, die Zugang zu sanitärer Versorgung haben möchten, die nur dann angehalten werden sollen, wenn sie auch tatsächlich das Tempolimit überschritten haben. Und manchmal vielleicht trotzdem keine Strafe zahlen müssen, weil der Polizist einen guten Tag hatte. Zuckerl für alle.

Wachstumsschmerzen aushalten

Auf so mancher Ebene scheint sich der Wunsch nach einem größeren, inklusiveren Wir bereits zaghaft zu erfüllen. Wir erleben, dass gleichberechtigte Teilhabe am Arbeitsmarkt, Bildungssystem, Gesundheitswesen und an der Kultur nicht nur rechtlich möglich, sondern auch umsetzbar ist. Bisher marginalisierte Gruppen werden beruflich, gesellschaftlich und politisch sichtbarer, seien es Frauen, Migrant*innen, Menschen mit Beeinträchtigungen oder LGBTQI*. Derzeit haben 9 Prozent aller Abgeordneten zum österreichischen Parlament Migrationshintergrund. Das ist noch immer weit vom Migrant*innenanteil der Gesamtbevölkerung entfernt (um die 23 Prozent), aber ein wesentlicher Fortschritt im Vergleich zu allen bisherigen Legislaturperioden.

Der Frauenanteil ist auf 40 Prozent gestiegen und damit ebenfalls auf einem historischen Höchststand. Auch in anderen Bereichen, allen voran in der Wirtschaft und am Arbeitsmarkt, lässt sich, wenn auch langsam und zögerlich, ein zunehmend inklusiveres Wir beobachten.

Gleichzeitig nehmen wir aber immer mehr Konflikte wahr. Gerade Debatten um Integration, Islam und Migration scheinen an Fahrt und Emotion gewonnen zu haben; die Grenzen des Sagbaren, des sogenannten *Overton window*, verschieben sich auf der politmedialen Bühne ins Extreme, und die gesellschaftliche Polarisierung scheint rasant voranzuschreiten. Wenn bisher marginalisierte Gruppen Sichtbarkeit erlangen und einen Platz am Tisch für sich beanspruchen, geht das offenbar nicht ohne Reibungen und Konflikte mit denen vor sich, die schon immer und seit Generationen am Tisch saßen.

Das lässt sich auch empirisch untermauern, wie zahlreiche Beispiele der jüngsten Vergangenheit zeigen. So kam es etwa zu einem deutlichen Anstieg von *racially motivated hate crimes* unter der Präsidentschaft Barack Obamas und nicht erst, wie man rückblickend meinen mag, unter Donald Trump. Die Inauguration des ersten schwarzen Präsidenten hatte rassistisch gefärbte Attacken der rechtspopulistischen Tea-Party-Bewegung zur Folge und führte zum absurden *Birther Movement*, das sich zum Ziel gesetzt hatte zu beweisen, dass Obama gar nicht in den USA geboren sei. Zahlreiche Fälle rassistisch motivierter Polizeigewalt gegen junge schwarze Männer, allen voran der Tod des Teenagers Trayvon Martin im Jahr 2012, führten zu Rassenunruhen in Ferguson und Baltimore und der Geburt der *BlackLivesMatter*-Bewegung. Trauriger Kulminationspunkt in einem mit Rassismus und Fremdenhass neu aufgeladenen Klima war das Massaker in Charleston, bei dem ein weißer Shooter neun Afro-Amerikaner*innen in einer Kirche erschoss. Der offenkundige Erfolg und die damit verbundene Macht eines schwarzen Mannes an der Spitze der Nation schienen lang übertünchte Konflikte zum Ausbruch zu bringen, die sich im Jahr 2020 mit der Ermordung George Floyds fortsetzten.

Auch hierzulande lässt sich beobachten, wie zunehmende Inklusion zu neu aufflammenden Konflikten führt. Während umfassendes Monitoring muslimfeindlicher Vorfälle in Österreich leider fehlt, zählt die Statistik für Deutschland knapp zweihundert registrierte Übergriffe pro Jahr. Das bedeutet, dass im Schnitt jeden zweiten Tag ein religiöser Repräsentant, eine Moschee oder eine andere islamische Einrichtung angegriffen werden. Die Ablehnung des Islam bzw. von Muslim*innen geht oft mit deren sozialer Mobilität einher: Je sichtbarer und erfolgreicher Muslim*innen werden, je deutlicher sie im Straßenbild, im Berufsleben oder in der Spitzenpolitik auftreten, desto offener treten Ressentiments der nichtmuslimischen Bevölkerung zutage. Einer Studie des Deutschen Zentrums für Integrations- und Migrationsforschung[13] zufolge hat ein Drittel der Befragten ein schlechtes Gefühl, wenn Muslim*innen Führungspositionen auf dem Arbeitsmarkt einnehmen; die Hälfte der Befragten des „Social Survey Österreich" (SSÖ) fühlt sich wegen Muslim*innen fremd im eigenen Land. Kopftuchtragende Putzfrauen waren und sind kaum ein politisches Thema, wird das Kopftuch aber in Schulen, vor Gericht und in anderen akademischen Berufen sichtbar, so befeuert es eine hitzige Debatte über Zugehörigkeit und Toleranz. Überspitzt könnte man formulieren: Je besser sich Muslime integrieren, desto mehr Ablehnung rufen sie hervor. Das Wir ist zwar inklusiver und um viele neue Gruppen erweitert worden, befördert aber gleichzeitig Debatten über vermeintliche Überfremdung, Parallelgesellschaften und Kulturkämpfe. In Österreich hat zuletzt die Welle an Hass gegen Justizministerin Alma Zadić, nach dem in Deutschland geborenen Heinz Faßmann die erste Ministerin mit nichtösterreichischen Wurzeln und als Geflüchtete aus Bosnien nach Österreich gekommen, diese Dynamik offenbart.

Wenn also Mitglieder einer bisher marginalisierten Gruppe nicht nur Sichtbarkeit erlangen, sondern es, wie im Fall einer Bundesministerin, tatsächlich bis nach ganz oben schaffen, führt das zu Konflikten mit denen, die schon immer oben waren und sich nun bedroht, übervorteilt und „überfremdet" fühlen. Diese Konflikte, von hitzig geführten öffentlichen Debatten bis hin zu rassistisch und sexistisch motivierten Übergriffen, sind aber mitnichten ein Zeichen, dass die pluralistische, offene Gesellschaft gescheitert ist, sondern das Gegenteil: Erst durch Nähe entsteht Reibung. Wenn sich historisch stark segregierte gesellschaftliche Gruppen wie unterschiedliche sozioökonomische Klassen, Geschlechter und Ethnien nun zunehmend annähern und in Austausch miteinander treten, führt das mitunter zu Friktion. Denn Sichnäherkommen als Grundvoraussetzung eines gemeinsamen Wir bedeutet eben auch, dass man sich erstmal miteinander auseinandersetzen muss, dass man den Platz, den neu dazugekommene Gruppen zu Recht für sich beanspruchen, miteinander ausverhandelt. Hinter aufbrechenden Konflikten steht also eine Verteilungsdebatte, die so notwendig wie legitim ist.

Daraus entstehende, offen ausgetragene Konflikte zwischen sozialen Gruppen sind somit nicht (nur) Zeichen einer verstärkten Polarisierung oder „Spaltung" unserer Gesellschaft, sondern können im Gegensatz auch als schmerzhafte, stechende Symptome des Ausverhandelns, Näherkommens und letztendlich Zusammenwachsens gelesen werden. Wie bei einer Wunde, die juckt und wehtut, wenn sie zusammenwächst und heilt, und die auch lange danach noch wetterfühlig und empfindlich bleibt, tut auch das Zusammenwachsen von unterschiedlichen Gruppen, die historisch bisher wenig(er) miteinander zu tun hatten oder einander gar im offenen Kampf gegenüberstanden, weh. Zusammenwachsen ist ein mitunter qualvoller und anstrengender Prozess, der nicht ohne Aufbrechen von Altem und Entstehen von Neuem abläuft; ähnlich dem Aufbrechen einer eitrigen Beule, die erst danach zu heilen beginnen kann, und die sich im Heilungsprozess immer wieder mit Ziehen, Zwicken, Brennen und Krustenbildung äußern wird.

„Wenn's brennt, wachst's zsam!", pflegte meine Oma zu sagen, wenn beim Händewaschen meine Schürfwunde am Daumen mit dem Wasser in Berührung kam und mich unwillkürlich zusammenzucken ließ. Nun mag die These meiner Oma medizinisch nicht ganz haltbar sein, hat mir als Kind aber geholfen, den unmittelbaren Schmerz besser zu ertragen und vielleicht sogar positiv zu besetzen. Eben weil es jetzt gerade brennt, wird bald alles wieder gut sein. Und weil ich dank der Autorität und unerschütterlichen Sicherheit meiner Oma ganz fest daran glaubte, wurde tatsächlich zum Schluss immer alles gut. Das wiederum ist in der modernen Medizin tatsächlich empirisch belegt, ohne auf Esoterik oder Wunderheilung zurückgreifen zu müssen: Positive Grundeinstellungen, gefördert durch Entspannung, Bewegung und soziale Kontakte, reduzieren Belastungen und unterstützen die (Selbst-)Heilung des Körpers. Umgekehrt hemmt ein chronischer Stresszustand die Immunreaktion des Körpers, macht ihn anfälliger für Krankheiten und verlangsamt die Wundheilung.

Umgelegt auf unsere Gesellschaft bedeutet das, dass schmerzhafte Konflikte, Debatten, Diskussionen und Auseinandersetzungen als notwendiger, ja sogar positiver Zwischenschritt zur tatsächlichen Heilung verstanden werden – in diesem Fall zu einem inklusiveren, größeren Wir und einer egalitären, pluralistischen Gesellschaft. Der deutsche Soziologe Aladin El-Mafaalani bezeichnet das als „Integrationsparadox": Fortschreitende, gelungene Integration von bisher marginalisierten Gruppen erhöhe das gesellschaftliche Konfliktpotenzial.[14] Emotionale Debatten über Fragen wie Kopftuchverbot oder Moscheenbau seien deshalb paradoxerweise Zeichen eines zunehmenden Zusammenwachsens einer pluralistischen Gesellschaft und nicht ihres Zerfalls. Denn Debatten und Konflikte können eben nur dann entstehen, wenn zwei Seiten, die bisher kaum etwas miteinander zu tun hatten, in Austausch treten. Und erst dann zeigt sich, dass man manche Dinge ähnlich, viele aber anders sieht. Um einander nachhaltig näherzukommen, müssen diese Meinungsverschiedenheiten offen ausgetragen werden, und das ist mitunter mühsam, anstrengend und schmerzhaft. Niemand hat gesagt, dass es bequem wird.

In einer affirmativen Leseweise können gesellschaftliche Konflikte also als Wachstumsschmerzen des Wir verstanden und positiv besetzt werden. So wie das Jucken, Brennen und Kribbeln einer offenen Wunde, die sich langsam wieder zu schließen beginnt, Teil des Zusammenwachsens von Haut, Nervenenden und Muskulatur ist, so muss auch eine Gesellschaft diese Konflikte aushalten können, ja sie sogar pflegen dürfen. Das ist schwerer, als Symptome der Wundheilung durch Schmerzmittel, Bandagen und sonstige Hilfsmittel zu unterdrücken, sie zuzudecken und unsichtbar zu machen und damit nur vermeintlich aus der Welt zu schaffen. Denn aus der Medizin wissen wir auch, dass Symptombekämpfung zwar unmittelbare Erleichterung verschafft, aber eben nicht die Ursache der Beschwerden behebt, sondern diese nur zeitlich begrenzt übertüncht oder erträglicher macht. Unter Umständen kann sie sogar den Heilungsverlauf verzögern, wenn entzündliche Prozesse oder Fieber, die Teil der natürlichen Immunantwort des Körpers sind, gehemmt werden. Für die pluralistische Gesellschaft bedeutet das wiederum, dass wir Konflikte aushalten, aufkommen und ausbrechen lassen dürfen, ja müssen.

Wachstumsschmerzen anzunehmen und auszuhalten heißt aber nicht, deren realpolitische Auswirkungen und das Unbehagen, das sie verursachen, zu negieren oder zu akzeptieren. Es hat nichts mit überbordender

Sensibilität zu tun, wenn marginalisierte Gruppen politische wie sprachliche Sichtbarkeit einfordern, Diskriminierung anprangern und institutionalisierte Ausgrenzung aufzeigen. Schmerzen aushalten bedeutet auch keinesfalls, rassistisch motivierte Übergriffe, ob verbal oder physisch, hinzunehmen oder achselzuckend darüber hinwegzusehen. Genauso sind Verlustängste und Bedrohungsgefühle von bisher dominanten Gruppen wahrzunehmen und zu thematisieren, ohne jedoch Ängste zusätzlich zu befeuern oder politisch zu instrumentalisieren *(siehe Kapitel Abgrenzen, aber nicht abwerten, S. 57)*. Eine Streitkultur statt einer „Leitkultur" zu etablieren, bedeutet eben gerade nicht, dass es zum tatsächlichen, offenen Kampf kommt.

Wachstumsschmerzen anzunehmen beinhaltet aber sehr wohl, Widerspruch und Dissens auszuhalten und die zunehmende Lautstärke bisher marginalisierter Stimmen zuzulassen. Das kann auf der politischen Bühne, aber auch im digitalen Raum geschehen, zum Beispiel im Rahmen von *#BlackLivesMatter* und *#metoo*, durch demokratisch(er) verfügbare Medien wie Social Media und andere Kanäle. Diese Stimmen treten in Dissens mit der vorherrschenden, für sie oft ausschließenden bis hin zur offen diskriminierenden Meinung. Sie möchten den gesellschaftlichen Diskurs nun genauso mitgestalten und beeinflussen wie die bisher meinungsbildende Gruppe, die in der Vergangenheit wesentlich homogener und dadurch vermeintlich harmonischer war. Dissonanz wird dadurch nun stärker hörbar, eben weil marginalisierte Gruppen sich eine Stimme erkämpfen und diese zunehmend Gehör findet. Der öffentliche Diskurs ist heute wesentlich diverser (vermeintlich „polarisierter") als vor fünfzig Jahren, weil die meinungsbildende Gruppe wesentlich heterogener geworden ist – nun sind neben den alten, weißen Männern auch Frauen, Migrant*innen, *persons of color*, Menschen mit Beeinträchtigungen und LGBTQI* sichtbar und hörbar geworden. Das Wir ist somit bunter, aber auch vielstimmiger und dissonanter, potenziell konfliktgeladener, weniger „einig" und vermeintlich homogen.

Zuletzt: Wachstumsschmerzen aushalten bedeutet auch, zugrunde liegende Hemmfaktoren des Zusammenwachsens, allen voran Fragen der Verteilung von Macht und Ressourcen, zu thematisieren. Struktureller Rassismus ist ein besonders schmerzhaftes Symptom dieser Ungleichverteilung und hat fatale Folgen für die gesamte Gesellschaft, nicht nur für jene, die unmittelbar davon betroffen sind *(siehe Kapitel Warum Wir?, S. 91)*. Um Marginalisierung zu überwinden und ein größtmögliches Wir zu schaffen, müssen wir die bestmöglichen Bedingungen für den gesellschaftlichen Heilungsprozess schaffen. Das beginnt bei rechtlicher Gleichstellung als Fundament und endet im höchstpersönlichen Bereich, wenn wir auf alltägliche Grenzüberschreitungen, Stereotype und Ausgrenzungen hinweisen. Auch das stört im Einzelfall die vermeintliche Harmonie einer entspannten Freundesrunde oder Familienfeier, verursacht aber genau jenen schmerzhaften Dissens, den unsere Gesellschaft zum Zusammenwachsen braucht.

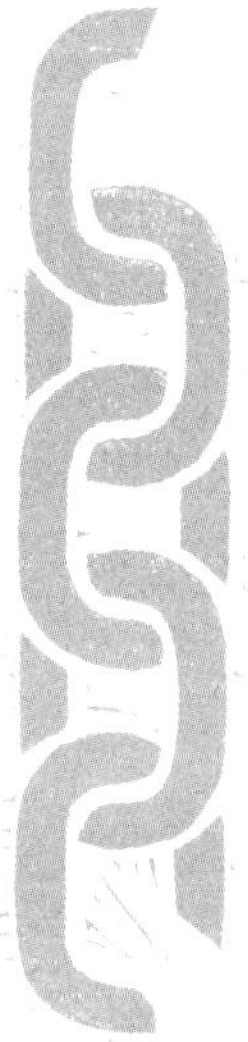

Abgrenzen, aber nicht abwerten

Wir alle brauchen die Abgrenzung zum anderen, um unsere eigene Identität zu bekräftigen. Das beginnt in der Frühphase unserer Entwicklung, wenn wir uns als Kinder von unseren engsten Bezugspersonen, von Mutter und Vater, abgrenzen und unsere eigene Identität von der ihren trennen, sowohl emotional als auch körperlich und geistig. Identität beruht also auf Unterscheidung. Das „Ich" unterscheidet sich zwangsläufig vom „Anderen", braucht aber gleichzeitig dieses „Andere", um sich des eigenen Daseins und der eigenen Identität zu versichern. In dieser Dialektik formiert sich das Selbst, und zwar sowohl auf der persönlichen Ebene, einschließlich der vielen, wechselnden Identitäten als Tochter, Schwester, Partnerin, Mutter und Kollegin, bis hin zum kommunalen und nationalen Selbst. Der Kontext bestimmt also maßgeblich, welche unserer vielen sozialen Identitäten wann aktiviert wird, wie stark wir die eine oder die andere Facette des eigenen Selbst wahrnehmen oder betonen möchten, und wie sehr andere in den Hintergrund rücken. Je stärker die Abgrenzung, desto stärker der Kontrast, und desto deutlicher tritt die eigene Identität hervor.

So weit, so alltäglich. Problematisch wird es dann, wenn aus dem natürlichen und notwendigen Abgrenzen ein Abwerten wird. In der Kulturtheorie bezeichnet man diesen Prozess als Othering. Seinen Ursprung hat dieses Konzept in den Schriften des deutschen Philosophen Georg Friedrich Wilhelm Hegel, vor allem in seinem Werk *Phänomenologie des Geistes* (1807). Bezogen auf die Abgrenzung, aber auch gegenseitige Angewiesenheit des Herrn und des Knechts, ging Hegel schon im frühen 19. Jahrhundert der Frage nach, inwiefern das Selbst der Existenz des Anderen – und seiner Abgrenzung davon – bedarf. Im 20. Jahrhundert griff die französische Philosophin Simone de Beauvoir das Konzept auf, um in ihrem feministischen Monumentalwerk *Das andere Geschlecht* (1949) zu zeigen, inwiefern in patriarchalen Gesellschaften Männer als die „Norm", bzw. das *eine* Geschlecht, und Frauen eben als das *andere* (im französischen Original: „das zweite") betrachtet und behandelt werden – mit all den negativen Konsequenzen, die diese Unterscheidung für „die Anderen" mit sich bringt. Auch in der Unterscheidung zwischen Hetero- und Homosexualität, zurückgehend auf Michel Foucaults Standardwerk *Sexualität und Wahrheit* (1989), zeigt sich diese gegenseitige Bedingung: Erst durch die (medizinische wie gesellschaftliche) Definition von „Homosexualität" bzw. „Homosexuellen" wurde auch die andere, erste Kategorie, die Norm, geboren: Heterosexualität. Davor sprach man nur von „Sexualität", ohne die beiden, oft als diametral entgegenstehend verstandene, Pole. Dass auch bei diesem Begriffspaar eine Hierarchisierung mitschwang, ist bis heute offenkundig und äußert sich in der weiterhin stattfindenden Diskriminierung und Marginalisierung von LGBTQI*.

Besonders eindrücklich wurde der Begriff des Othering in der postkolonialen Theorie weiterentwickelt. Kultur- und Literaturtheoretiker*innen wie Edward Said und Gayatri Chakravorty Spivak zeigten, wie Othering mit Exotisierung und Unterdrückung einhergeht.[15] Damit sich eine Kolonialmacht als hierarchisch höher darstellen kann, bedarf es der diskursiven Abgrenzung und gleichzeitigen Abwertung eines untergeordneten „Anderen", das sich in zentralen Merkmalen vom Selbst unterscheidet. Im kolonialen Kontext zählen dazu Hautfarbe (weiß vs. schwarz oder braun), Kleidung, Verhalten bzw. „Manieren" (zivilisiert vs. „wild"), Herkunft, Sprache und diverse Charaktereigenschaften.

Während diese Unterscheidungen so arbiträr wie unrichtig sind, wurden sie als selbstverständlich und „essenziell" konstruiert, um damit zu zeigen, dass eben auch die Herrschaft des Kolonialherrn über die Kolonisierten „natürlich" und rechtmäßig sei; dass der Mann qua seiner biologischen, mentalen und geistigen Stärke die Frau dominiere; dass Europäer*innen aufgrund ihrer zivilisatorischen und kulturellen Errungenschaften Afrikaner*innen überlegen wären. In der Vergangenheit passierte das oft durch Rückgriff auf biologistische Argumente, die sich in der modernen Medizin zwar nach und nach als haltlos erwiesen, kulturell aber oft nur wenig von ihrer Erklärkraft eingebüßt haben. Ausgeblendet werden in all diesen Beispielen Macht- und Herrschaftsverhältnisse, die sich in Unterdrückung und Ausbeutung äußern. Denn tatsächlich sind es global wie lokal wirksame Machtstrukturen, die der vermeintlichen Unterlegenheit zugrunde liegen und die scheinbare Schwäche, Unterlegenheit und damit Unterordnung des „Anderen" bedingen.

Othering lässt sich aber nicht nur im postkolonialen Kontext beobachten. In unserer Gegenwart äußert sich Othering durch einen permanenten Akt der Grenzziehung, durch die man sich selbst und seinen Status hervorhebt und überordnet, indem man bestimmte (Gruppen von) Menschen als andersartig, „fremd" bis hin zu abartig klassifiziert und damit ihre Unterlegenheit „belegt" und ihre Ungleichbehandlung in der Realität und vor dem Gesetz rechtfertigt. Ganz im Sinne Beauvoirs werden die Anderen also erst zu Anderen gemacht. Das hat realpolitische Folgen, allen voran, dass die „Anderen" als Bedrohung für das Wir wahrgenommen werden, häufig aufgrund von Unterscheidungsmerkmalen wie Ethnizität, Herkunft, Religion, Nationalität oder Sprache. Gleichzeitig wird dadurch das Wir aufgewertet und seine Dominanz untermauert.

Ein häufiges Beispiel dafür ist die diskursive „Fremdmachung", wie man Othering übersetzen könnte, von Muslim*innen in westlichen Gesellschaften. Dabei zeigen sich unterschiedliche Schablonen und Narrative, darunter jenes des „eingewanderten Patriarchats" aus arabischen Ländern. Muslimische Frauen kommen in der öffentlichen Diskussion kaum vor, außer als (potenzielle) Opfer häuslicher Gewalt und kulturell konnotierter Unterdrückung. Fragen der Gleichberechtigung und Gleichstellung von Männern und Frauen werden damit ethnisiert und gleichzeitig außerhalb der eigenen Gemeinschaft, der eigenen Ethnie bzw. der eigenen Religion verortet. Damit wird die eigene Kultur als fortschrittlich, aufgeklärt und somit überlegen, die islamische als rückständig, gewaltbereit und unterlegen konstruiert. Das Patriarchat, das sind die anderen.

Auch im Bildungskontext zeigt sich die Verknüpfung bestehender Problemlagen mit einer religiösen Wertegemeinschaft oder geographischen Herkunft. So werden muslimische Kinder und Jugendliche oft als „bildungsfern" bezeichnet, das Schlagwort „Brennpunktschule" ist zu einer Chiffre für Bildungseinrichtungen mit einem hohen Anteil von Schüler*innen mit Migrationshintergrund geworden. Dass Kinder einen schlechten Bildungserfolg erzielen, wird vorrangig ihrer Herkunft bzw. ihrer Religion zugeschrieben, sodass Migrationshintergrund bzw. der Islam mit Bildungsferne (und in weitere Folge mit Rückständigkeit) gleichgesetzt werden. Dabei zeigen zahllose nationale wie internationale Studien, dass es vor allen Dingen der sozioökonomische Stand ist, der über die Bildungskarriere eines Kindes entscheidet. Da Bildung aufgrund fehlender Chancengleichheit und eines frühzeitig trennenden Schulsystems in Österreich stark vererbt wird, setzen sich bestehende Ungleichheiten fort.[16] Kindern aus migrantischen Familien fehlt es an ökonomischen Ressourcen, an frühkindlicher Förderung und Unterstützung der Eltern, die oft selbst nicht gut genug Deutsch sprechen und über wenig Kontakte in die Aufnahmegesellschaft verfügen.[17]

Die Corona-Krise hat uns das deutlich vor Augen geführt: Während Kinder aus bürgerlichen Haushalten in den meisten Fällen einen eigenen Laptop, Internetzugang und andere Infrastruktur zur Verfügung hatten, fehlte es Kindern aus ökonomisch schlechter gestellten Familien, zu denen viele Migrant*innen in Österreich zählen, an diesen Ressourcen und Unterstützungsmöglichkeiten für erfolgreiches Distance Learning.[18] Gleichzeitig waren viele Eltern mit Migrationshintergrund als Reinigungskräfte, Supermarktangestellte oder Sicherheitspersonal im Einsatz *(siehe Kapitel Privilegien erkennen, S. 29)* oder verfügten nicht über die entsprechenden Deutschkenntnisse, um ihre Kinder beim Lernen zuhause unterstützen zu können. Der fehlende Kontakt zu deutschsprachigen Mitschüler*innen und Lehrer*innen hat viele migrantische Kinder in ihrem Bildungsweg noch weiter zurückgeworfen. All das sind soziale und wirtschaftliche Faktoren, die sich nicht durch die religiöse Identität des Kindes erklären lassen, aber im politischen und medialen Diskurs eng mit ihr verknüpft werden.

Sozioökonomische Probleme wie Bildungs(miss)erfolg oder sexualisierte Gewalt werden also aus strategischen Gründen „religionisiert" bzw. „ethnisiert", also mit der Zugehörigkeit zu einer Religion (konkret Islam) und/oder ethnischen Gruppen begründet, und dadurch wird die Abwertung einer bestimmten sozialen Gruppe vorangetrieben. Die Autor*innen des österreichischen Teils der Europäischen Wertestudie (European Values Survey, EVS), einer in nahezu allen europäischen Ländern regelmäßig durchgeführten Befragung zu Einstellungen und Werten der Wohnbevölkerung, beschreiben diese Dynamik wie folgt: „Der typische Wunsch nach

Abgrenzung oder Schaffung von Distanz zu einer sozialen ‚Unterschicht' (bildungsfern, Sozialfall, kriminell, Frauen unterdrückend) wird mitunter politisch ‚geframt', nämlich als ‚religiöse Unterschicht' stilisiert."[19] Anhaltende „Fremdmachung" von Muslim*innen auf der politischen Ebene, etwa durch eigene Gesetzgebung wie das Islamgesetz 2015, Verhüllungs- und Kopftuchverbote und die Einführung eines Straftatbestandes „Politischer Islam" (nicht aber anderer Formen des Extremismus), schlägt sich auch in den Werten und Einstellungen der Aufnahmegesellschaft nieder, die den Islam demnach als zunehmend inkompatibel mit dem nationalen Wir sehen: Laut Integrationsbarometer 2017 wird das Zusammenleben mit Muslim*innen von allen Migrationsgruppen am schlechtesten bewertet, 73 Prozent der Befragten verneinen, dass der Islam zu Österreich gehöre.[20] Mitgetragen wird das auch durch die Darstellung von Muslim*innen in bestimmten Medien als kriminell, sozial schwach, drogenabhängig, ungebildet bis hin zu analphabetisiert – eben einfach anders.[21]

Die permanente, nachhaltige Fremdmachung und damit Abwertung einer bestimmten religiösen oder sozialen Gruppe hat also dramatische realpolitische Auswirkungen und erfüllt damit einen ganz bestimmten Zweck. Je fremder und bedrohlicher das Andere ist, desto leichter lassen wir uns auf ein Wir einschwören. Die extremste Form dieser Abgrenzung betreibt populistische Politik *(siehe Kapitel Wer ist Wir?, S. 17)*, indem sie sich stark von den Anderen „da oben" und „da draußen" abgrenzt – sie alle sind nicht Teil des „Volks", Teil des Wir. Aber man muss gar nicht weit blicken, um diese Dynamik in vielen anderen Bereichen des Alltags zu beobachten. Jedem, der schon einmal Mitglied in einem Team oder einer Clique war, wird das Gefühl des Zusammenhalts durch Abgrenzung von außen vertraut sein. Denn je mehr wir uns als Team gegen ein anderes einschwören, desto stärker steigt das Wir-Gefühl in unserer Gruppe. Sich gegen eine gemeinsame Gegnerin abzugrenzen, macht das Wir gleich viel greifbarer, wichtiger und eingeschworener. Wir meinen nun endlich zu verstehen, was uns eigentlich zum Wir macht (die gleiche Hautfarbe, die gleichen Qualifikationen, die gleiche Position in der Firma, die gleichen Ziele, die gleichen Charaktereigenschaften), was den Kern unserer Identität ausmacht und warum die anderen draußen bleiben sollen. *Mia san mia*, weil die Anderen net mia san. Dass diese Unterscheidung sehr häufig konstruiert und damit rein diskursiv ist, weil sie auf Annahmen basiert, die wir gar nicht verifizieren können, ist so augenscheinlich wie unerheblich: Wichtig ist die diskursive Wahrnehmung der Anderen als „fremd", als Bedrohung. Denn diese Bedrohung durch Andere lässt uns enger zusammenrücken, die Reihen schließen und das Wir aufwerten.

Bedeutet das nun, dass ein Wir ohne damit einhergehende Abwertung des „Anderen" gar nicht möglich ist? Es wäre eine schlechte Investition Ihrer Zeit und Ihres Geldes gewesen, wenn die Lektüre dieses Buches darauf hinausliefe, diese Frage bejahen zu müssen. Denn nein, das ist nicht der Fall, auch wenn die Antwort wenig eindeutig ausfallen muss. Tatsächlich liegt die Krux des Wir-versus-die-Anderen-Arguments in der Unterscheidung zwischen Abgrenzung und Abwertung. Das Gegenteil von Othering ist nicht *saming*, also Gleichmachen, sondern Zugehörigkeit (im englischen *belonging)*. Unterschiede, ob sie auf großen Unterscheidungsmerkmalen wie Geschlecht, Herkunft, Ethnizität oder kleinen, alltäglichen Eigenschaften wie Vorlieben, Eigenheiten und Fähigkeiten beruhen, können und sollen wahrgenommen und thematisiert werden. Es ist wichtig, sich unterschiedlicher Hautfarben oder Religionen bewusst zu sein, sie auch tatsächlich zu „sehen", um damit verbundene Diskriminierungen wahrzunehmen und adressieren zu können *(siehe Kapitel Vorurteile reflektieren, S. 81)*. Aber wir können neben all den wichtigen Unterscheidungen auch Gemeinsamkeiten finden und trotz der Unterschiede an einem kollektiven Wir teilhaben.

Im Grunde ist Othering nämlich nichts anderes als eine Form der Selbstbestätigung: Um uns selbst aufzuwerten, uns zu erhöhen und uns gut in der eigenen Identität zu fühlen, werten wir den anderen ab. Das ist so falsch wie gefährlich, sowohl für den, der abgewertet wird, als auch für jenen, der abwertet. „Wenn du deine Identität nur durch ein Feindbild aufrechterhalten kannst, dann ist deine Identität eine Krankheit", schrieb der armenische Journalist und Intellektuelle Hrant Dink. Was aber, wenn wir für die Aufwertung des Eigenen gar nicht der Abwertung des Anderen bedürften? Das würde voraussetzen, dass wir in der eigenen Identität gefestigt sind und uns nicht bedroht fühlen.

Ein zentraler Aspekt, um die Bedrohung durch das vermeintlich Andere zu relativieren und gleichzeitig die Zugehörigkeit von marginalisierten Gruppen zu fördern, ist die konsequente Humanisierung des Anderen. Die Gleichsetzung von Geflüchteten mit einer Naturgewalt in Form von „Wellen", „Flut" oder „Sturm", wie es im Fluchtherbst 2015 und danach geschah, ist ein anschauliches Beispiel, wie Menschen fremd gemacht, dehumanisiert und damit als Drohkulisse gebraucht werden. In der Folge war es einfacher und stilistisch kongruent, von einer „Abwehr" bis hin zum offenen „Kampf" gegen diesen Sturm zu sprechen. Das vielzitierte „subjektive Sicherheitsbedürfnis", das ebenso zentral wie subjektiv ist, reagiert halt empfindlich. Führen wir uns aber konsequent vor Augen, visuell wie sprachlich, dass es sich bei der „Flüchtlingswelle" in Wirklichkeit um vor Verfolgung und Elend flüchtende Kinder, Frauen und

Männer handelt, mit denen uns und vor allem unsere kriegsüberlebenden Großeltern viel mehr verbindet als trennt, so sinkt die Wahrnehmung der Bedrohung und steigt unser Sicherheitsgefühl. Es ist übrigens genau dieses Bedürfnis nach Sicherheit, Stabilität und Freiheit von Angst, das Menschen die gefährliche, teure und ungewisse Flucht über Land und Wasser nach Europa antreten lässt.

Ausgrenzung zu verhindern, bedeutet also nicht, existenzielle Bedrohungen und damit verbundene Ängste auszublenden. Wir werden aber diese Bedrohungen, von Coronaviren über wirtschaftliche Krisen bis hin zu persönlichen Verlust- und Abstiegsängsten, nicht durch die Ausgrenzung der Anderen überwinden können; das zeigen alle verfügbaren Studien und die historische Entwicklung *(siehe Kapitel Ausgrenzung schadet allen, S. 71).* Vielmehr geht es darum, unsere Antwort auf real vorhandene Bedrohungen – denn deren Existenz kann und darf nicht negiert werden – von einer angst- oder wuterfüllten Reaktion zu mehr Empathie, Kollektivität und Solidarität zu führen. Ähnlich wie in einer guten Psychotherapie müssen auch wir als Gesellschaft lernen, dass wir die widrigen Umstände, die unsere menschliche Existenz immer wieder bedrohen, trotz aller modernen Errungenschaften der Medizin, Wissenschaft und Industrie nicht oder nur minimal beeinflussen können. Was wir aber sehr wohl beeinflussen können, ist unsere Reaktion darauf. Wir können eine globale Pandemie oder einen Bürgerkrieg zum Anlass nehmen, um Spaltung und Ausgrenzung in unserer Gesellschaft voranzutreiben und rassistische Ressentiments gegen Migrant*innen oder geflüchtete Menschen zu schüren und damit mittelfristig noch mehr Verluste für Gesellschaft, Wirtschaft und Gemeinschaft in Kauf nehmen. Oder wir können erkennen, dass das Andere zwar anders ist und sein darf, aber in seinem Anderssein eben nicht so fremd oder bedrohlich, dass es keinen Platz im Wir hätte. Und dass von diesem inklusiveren, offenen, pluralen Wir schlussendlich alle profitieren.

Ausgrenzung schadet allen, nicht nur den Ausgegrenzten

Zu Fragen der Abwertung und Ausgrenzung beziehen häufig nur die vermeintlich Betroffenen Stellung – also Menschen mit Migrationshintergrund, mit Beeinträchtigungen, LGBTQI* oder Risikogruppen. Es gehört zu den Unarten unseres politischen Systems, dass Migrant*innen zwar politisch wie auch ökonomisch und gesellschaftlich unterrepräsentiert sind, wenn sie es aber, gegen alle Widrigkeiten, an die Spitze schaffen, fast ausschließlich den vermeintlich ureigensten Verantwortungsbereich umgehängt bekommen. So wird die einzige Abgeordnete mit Migrationshintergrund automatisch zur Integrationssprecherin ihres Klubs, obwohl sie vielleicht auch Expertise in Fragen der Geschlechtergerechtigkeit, des Verfassungsrechts oder des Bildungswesens mitbringt. Das türkischstämmige Mitglied des Vorstands darf die Diversity-Agenden verwalten, und die syrische Ärztin behandelt vorrangig Menschen aus ihrem Kulturkreis, aus vordergründig sprachlichen oder kulturellen Gründen. Hinter all dem steht nicht nur ein verengter Blick auf die vielfältigen Kompetenzen und die multiplen Identitäten, die jede und jeder von uns in einer pluralistischen Gesellschaft in sich trägt, sondern auch eine deutliche Geringschätzung von „Diversity" als politischem Thema. Schon der Begriff verschleiert mit einer gewissen angelsächsischen Distinktion, worum es geht: ums Dazugehören und ums Ausgegrenztsein, und genau das kann wohl nicht den Ausgegrenzten selbst überlassen bleiben.

Denn betroffen sind wir alle, ob wir es wollen oder nicht: Dazugehören, Zusammenwachsen und Wir-Werden sind Themen, die Einheimische und Neu-dazugekommene, Autochthone und Immigrant*innen, Bio-Österreicher*innen und Menschen mit Migrations-hintergrund, Hiergeborene und Hieraufgewachsene gleichermaßen betreffen. Und weil wir alle davon betrof-fen sind, sind wir auch alle „zuständig", wenn es darum geht, den Status quo einer Veränderung zuzuführen.

Wieder einmal hat uns kaum ein Ereignis der ver-gangenen Jahre diese gemeinsame Zuständigkeit so einprägsam vor Augen geführt wie die Corona-Krise. Versäumnisse in der Integrationspolitik wurden von

Tag eins der Krise an sichtbar, von verspäteten oder fehlerhaften Übersetzungen der Eindämmungsmaßnahmen bis hin zu strukturellen Problemen wie beengte Wohnsituationen, fehlende Infrastruktur oder mangelnde Unterstützungsmöglichkeiten in der Familie. Das alles zeigt, dass Österreich noch lange nicht in seinem Selbstverständnis als Einwanderungsgesellschaft angekommen ist. Während klassische Einwanderungsländer wie Kanada oder die USA Regierungsinformationen von jeher in den wichtigsten Migrant*innensprachen publizieren, um eben möglichst alle im Land lebenden Menschen so direkt und niederschwellig wie möglich zu erreichen, fehlt dieses Bewusstsein in Österreich noch.

Dabei hat uns gerade die globale Pandemie gezeigt, dass Ausgrenzung und fehlende Integration von Menschen mit Migrationshintergrund am Ende des Tages allen hier lebenden Menschen schaden: Können bestimmte gesellschaftliche Gruppen die Eindämmungsmaßnahmen nicht einhalten, weil sie nicht richtig davon informiert wurden oder ihnen die persönlichen, finanziellen oder gesundheitlichen Ressourcen dazu fehlen, so hat das negative Konsequenzen für alle hier lebenden Menschen – im konkreten Fall, dass die Verbreitung des neuartigen Coronavirus nicht erfolgreich eingedämmt werden kann, die Ausgangsbeschränkungen somit verlängert werden und das Gesundheitssystem noch weiter an die Belastungsgrenze geführt wird.

„Damit die Welt anders wird, müssen alle lernen, ihre Stimmen zu erheben, wenn es um andere geht", schrieb die russisch-jüdische Schriftstellerin Lena Gorelik anlässlich der rechtsextremistischen Anschläge in Halle.[22] Auf einer individuellen Ebene ist das ein wichtiges Zeichen von Solidarität und Zivilcourage. Strukturell betrachtet müssten wir schon aus ganz banalem Eigennutz so handeln. Empirisch lässt sich nämlich eindeutig nachweisen, dass es uns allen zugutekommt, wenn nicht nur privilegierte Gruppen, sondern jede und jeder Einzelne Zugang zu Bildung, Gesundheit und Arbeit hat.

Wiederum hat das die vergangene Pandemie verdeutlicht: In Italien hatte im Februar 2020 unter anderem die hohe Anzahl an undokumentierten, von der Modeindustrie ausgebeuteten chinesischen Näher*innen zur raschen Ausbreitung des neuartigen Coronavirus beigetragen. Zehntausende Arbeiter*innen ohne gültigen Aufenthaltsstatus, die in den großen Modemetropolen des Landes unter teils menschenunwürdigen Bedingungen tätig waren, hatten keine Versicherung und keinen Zugang zur Gesundheitsversorgung. Im Falle einer Erkrankung konnten sie sich weder kostenfrei testen noch behandeln lassen, in ihren engen Wohn- und Arbeitsstätten das Virus aber vielfach weitergeben. Das hatte, wie sich bald zeigte, dramatische und weitreichende Konsequenzen für die gesamte italienische Wohnbevölkerung, nicht nur für die betroffene Gruppe an Marginalisierten. Das Beispiel führt drastisch vor Augen, wie wichtig ein niederschwelliger Zugang zum Gesundheitssystem für alle im Land lebenden Menschen ist, unabhängig vom Aufenthaltsstatus. „Der Gesundheitsschutz beruht nicht nur auf einem gut funktionierenden Gesundheitssystem mit Krankenversicherung für alle, sondern auch auf sozialer Inklusion, Gerechtigkeit und Solidarität. [...] Spaltung und Angst vor anderen bedeuten schlechtere Gesundheit für alle", so der Tenor eines Artikels in der renommierten medizinischen Fachzeitschrift *The Lancet* zum Höhepunkt der ersten COVID-19-Welle.[23]

Aber auch wenn nicht gerade eine globale Pandemie herrscht, tun wir gut daran, im eigenen Interesse Ungleichheiten zu reduzieren und diejenigen ins Wir aufzunehmen, die bisher davon ausgeschlossen waren. Dafür gibt es vielfache empirische Evidenz: Beenden wir Ausgrenzung und stärken die schwächsten Mitglieder unserer Gesellschaft, so stärken wir alle.

Auf den ersten Blick mag das wie die abwegige Fantasie einer Sozialromantikerin wirken. Denn rein pragmatisch könnte man meinen, dass es einem als Mitglied der obersten Einkommensklasse reichlich egal sein könne, wie viel (oder wenig) die Mitbürger*innen verdienen, ob sie den gleichen Zugang zu Grundrechten genießen wie man selbst und ob sie mit denselben Chancen geboren werden – Hauptsache, man selber hat seinen Pool, seine

Villa, seine SUVs. Wenn sich dieser Umstand aber darin äußert, dass man all diesen Luxus nur in seiner engen *gated community* genießen kann, wie es beispielsweise in Südafrika oder Teilen der USA der Fall ist, so stellt sich die Frage, was man denn davon hat, zum privilegierten Wir zu gehören, wenn so viele andere Menschen ganz offenkundig ausgeschlossen sind.

Denn tatsächlich belegen zahlreiche Studien, dass Länder mit einer größeren sozialen Ungleichheit eine höhere Kriminalitätsrate haben.[24] Je höher der sogenannte Gini-Koeffizient, ein Index zur Messung der (Un-)Gleichheit in der Verteilung von Vermögen bzw. Einkommen innerhalb sowie zwischen einzelnen Ländern, desto höher sind auch die Mordraten. Diese einfache statistische Korrelation ist vielfach belegt, unter anderem im Rahmen umfassender Studien der Weltbank.[25] Sie hängt damit zusammen, dass durch zunehmende Ungleichheit vor allem niedrig qualifizierte Männer bestimmte gesellschaftliche Statusmarker verlieren, darunter ein guter Job, ein gesichertes Einkommen und die Möglichkeit, ihre Familie zu ernähren. Arbeitslosigkeit und damit verbundener Statusverlust sind der ideale Nährboden für Delikte, die aus dem Gefühl entstehen, nicht „dazuzugehören". Zu diesen Delikten zählen allen voran Mord und Totschlag, die häufig auf emotionaler Zurückweisung oder gekränktem Ehrgefühl basieren.[26] Auch Waffenbesitz und die soziale Bedeutung von „Ehre" steigen mit zunehmender sozialer Ungleichheit und sind damit mehr durch Ausgrenzung denn durch kulturelle oder religiöse Gründe bedingt. Nimmt man Menschen durch Ausgrenzung die Möglichkeit, sozialen Status und gesellschaftliche Anerkennung zu erlangen und persönlich wie beruflich voranzukommen, so greifen vor allem Männer aufgrund tiefsitzender patriarchaler Strukturen auf andere Möglichkeiten zurück, um sich Respekt zu verschaffen.

In den USA widmet sich mittlerweile ein eigener Forschungsbereich den systemischen Kosten von struktureller Diskriminierung und Rassismus, die alle Bürger*innen (nicht nur Schwarze) zahlen müssen. In der 250-jährigen Geschichte der Vereinigten Staaten gibt es zahllose drastische Beispiele. So wurden zum Beispiel im Rahmen der verfassungsrechtlich angeordneten *desegregation* in den späten 1950ern zahlreiche öffentlich finanzierte Anlagen, von Schwimmbädern bis Parks, geschlossen, anstatt sie, wie es eigentlich im Sinne der Gesetzgebung zur Beendigung der Rassentrennung gewesen wäre, für Schwarze zu öffnen. Lieber nahmen es Stadtverantwortliche in Kauf, dass auch weiße Bürger*innen keine Erholungsflächen mehr hatten, als dass sie einer gemeinsamen Nutzung und damit dem vermehrten Kontakt von Menschen unterschiedlicher Hautfarbe zugestimmt hätten. Bis heute sind zahlreiche der damals geschlossenen Anlagen, darunter auch ganze Zoos und Freizeitparks, nicht wieder eröffnet oder neu errichtet worden.[27] Dieses Vorgehen lässt sich weder wirtschaftlich noch rational erklären, sondern es zeigt, wie allgegenwärtig, durchdringend und nachhaltig struktureller Rassismus ist und welche tatsächlichen Kosten er für alle Menschen hat, selbst wenn sie auf der individuellen Ebene vielfach davon profitieren, weil sie weiß sind.

Die Liste an negativen Auswirkungen von Ausgrenzung und Ungleichheit für alle Einwohner*innen eines Landes, unabhängig von ihrer tatsächlichen Hautfarbe oder ihren konkreten Vermögens- und Besitzverhältnissen, ließe sich fast endlos fortsetzen. Ausgrenzung und Marginalisierung einzelner gesellschaftlicher Gruppen erodiert Vertrauen in Gesetze und Institutionen, schädigt die psychische und körperliche Gesundheit, steigert exzessiven Konsum, Drogenhandel und Übergewicht, wirkt sich negativ auf Arbeitszeiten aus und führt zu mehr Gefängnisinsassen.[28] Sie hat schlechtere Politikgestaltung und eine schlechtere Wirtschaftslage zur Folge.

Von einem größeren, inklusiveren Wir profitieren also nicht nur die, die vormals davon ausgeschlossen waren. Auch jene, die dank ihrer Herkunft, ihres Geschlechts, ihrer Hautfarbe, ihrer Religion oder anderer Merkmale immer schon Teil des Wir waren und damit einhergehende Privilegien genießen durften, ziehen unmittelbare Vorteile daraus, wenn die vormals „Anderen" ins Wir aufgenommen werden. Eine gleichberechtigtere Welt ist nämlich auch eine sicherere, gesündere und lebenswertere Welt.

Vorurteile reflektieren

Fast ebenso wichtig, wie die eigenen Privilegien zu reflektieren und strukturelle Ausgrenzung zu bekämpfen, ist es, sich der eigenen Vorurteile bewusst zu werden. „Moment!", höre ich Sie innerlich zurückschrecken, „ICH habe doch keine Vorurteile! Die Tatsache, dass ich dieses Buch lese und es bis Seite 81 geschafft habe, gibt mir recht. Ich begegne allen Menschen gleich. Nie würde ich so handeln wie der Polizist, der einem Schwarzen, nicht aber einer jungen weißen Frau ein Strafmandat ausstellt. Nie würde ich Menschen wegen ihrer Hautfarbe, ihrer Herkunft oder ihres Aufenthaltsstatus anders begegnen. *I don't see color.*"

Das ist, außer man leidet an einer Rot-Grün-Sehschwäche, nicht nur Unsinn, sondern auch gefährlich.

Denn wer vorgibt, Hautfarben nicht zu sehen, der impliziert damit auch, die auf diesen Hautfarben basierende Diskriminierung nicht zu sehen, und spricht Betroffenen ihre Erfahrungen ab. *If you don't see race, you can't see racism.*

Um Ungerechtigkeiten, Ausgrenzung und Abwertung aus der Welt schaffen zu können, muss man diese zuerst einmal als solche erkennen. Dazu gehört auch, die Differenz, durch die viele Arten der Marginalisierungen bedingt sind, wahrzunehmen. Zu dieser sozial determinierten Differenz gehört Hautfarbe genauso wie Geschlecht oder Herkunft. All diese Zugehörigkeiten entscheiden ganz wesentlich darüber, welche Rechte, Chancen und Handlungsspielräume ein Mensch in unserer Gesellschaft wahrnehmen kann und darf. Unabhängig von der persönlichen, durchaus löblichen Absicht, das Gegenüber völlig losgelöst von all diesen Zugehörigkeiten und damit einhergehenden sozialen Zuschreibungen beurteilen zu wollen, führen diese zu ganz bestimmten Erfahrungen von Verwundbarkeit *(siehe Kapitel Warum Wir?, S. 91)*. Dazu zählen eben Rassismus und Sexismus, Diskriminierung und Ausgrenzung.

"The only thing that should follow *I'm not racist, but…*", schreibt die amerikanische Comedienne und Schauspielerin Aparna Nancherla auf Twitter, "is *I do live in a system of institutionalized racism that I absorb & actively benefit from.*" Sie bringt damit auf den Punkt, dass es schlicht zu kurz greift, Rassismus als individuelles Verhalten zu verstehen. Der Gesellschaft, in der wir leben, ist struktureller Rassismus – genauso übrigens wie struktureller Sexismus, Ableismus[29] und Homophobie – inhärent. Das äußert sich in den oben genannten Privilegien, die weiße, heterosexuelle, körperlich und geistig fitte, normschöne Menschen eher genießen dürfen als Menschen mit dunkler Hautfarbe, mit Migrationshintergrund oder physischen Beeinträchtigungen. Diese Privilegien betreffen das Erwerbs- genauso wie das Privatleben, sie spielen im Bildungssystem, auf dem Wohnungsmarkt und in der politischen Beteiligung eine Rolle.

Um auf das Beispiel des strafmandatsausstellenden Polizisten aus Kapitel *Reject your privilege* zurückzukommen: Während im konkreten Fall Alltagsrassismus nicht ausgeschlossen werden kann, so ist es doch wesentlich wahrscheinlicher, dass der Polizist das Auto nicht mit der Absicht anhielt, den vermeintlich schwarzen Lenker strafen zu wollen. Viel eher wurden ihm wohl erst im Angesicht der weißen Studentin seine eigenen, strukturell bedingten Annahmen bewusst: dass schwarze Menschen häufiger Hip-Hop hören als weiße, dass sie getunte Autos fahren und dass sie häufiger als Raser in Erscheinung treten. Letzteres liegt wiederum am Umstand, dass sie häufiger von der Polizei kontrolliert werden und somit öfter in der Kriminalitätsstatistik aufscheinen.

Racial Profiling, wie das auf äußerlichen, vor allem ethnischen Merkmalen basierte Agieren von Polizei- und Kontrollorganen auch genannt wird, ist ein gutes Beispiel für latenten strukturellen Rassismus. Während der Corona-Krise trat rasch zutage, dass Menschen mit nichtweißer Hautfarbe, wie zum Beispiel Geflüchtete aus dem Mittleren Osten, im öffentlichen Raum wesentlich häufiger von der Polizei angehalten, heimgeschickt oder sogar mit empfindlichen Geldstrafen belegt wurden. Die Tatsache, dass geflüchtete Menschen oft in größeren Familienstrukturen zusammenleben, hat sicherlich dazu beigetragen – auf der Straße durften sie sich rein rechtlich eben mit allen Menschen, die in ihrem Haushalt leben, zeigen. Systemisch wurden aber während der ersten Corona-Welle Gruppen von drei, vier oder fünf Menschen als auffällig und suspekt wahrgenommen und standen im Verdacht, gegen die Ausgangsbeschränkungen zu verstoßen.[30]

Nun lassen sich solcherlei Missverständnisse im Normalfall schnell aufklären, könnte man meinen. Der Normalfall aber beruht wiederum auf unsichtbaren Privilegien, die geflüchteten Menschen oft verwehrt bleiben: Sie sind der deutschen Sprache (noch) nicht so mächtig wie Hiergeborene, sie mussten im Herkunftsland und auf der Flucht oft negative Erfahrungen mit Polizei und Grenzpersonal machen, und sie sind in der Ausnahmesituation einer globalen Pandemie einem höheren

Risiko von Retraumatisierung und gesteigerter Angst ausgesetzt. Das führt im konkreten Anlass- bzw. Anhaltungsfall rascher zu Konflikten, zu Missverständnissen und im schlimmsten Szenario zur gegenseitigen Verstärkung von Vorurteilen. Dass Menschen mit Flucht- und Migrationshintergrund weniger kooperativ seien, sich weniger diszipliniert an Eindämmungsmaßnahmen hielten, die Autorität der Polizei nicht anerkannten – all das lässt sich eben auch durch die konkreten Erfahrungs- und Lebensrealitäten von marginalisierten Gruppen erklären.

Diese Dynamik war schon lange vor Corona virulent. Sie zeigt sich etwa auch in der Tatsache, dass Kinder aus migrantischen Familien häufiger in Sonderschulen geschickt werden. Studien belegen, dass dies vor allem auf ihre schlechteren Deutschkenntnisse und weniger Unterstützungsmöglichkeiten, nicht aber auf generelle Lernschwächen zurückzuführen ist.[31] Ähnliches lässt sich quer durch das Schulsystem beobachten: In Österreich ist die Bildungsmobilität unter jungen Erwachsenen der zweiten und dritten Generation türkischer und ex-jugoslawischer Einwander*innen am geringsten ausgeprägt. Haben ihre Eltern nur Pflichtschulabschluss, so schaffen es 77 Prozent der Kinder ohne Migrationshintergrund, einen höheren Abschluss zu erlangen. Bei Kindern aus migrantischen Familien sind es nur 51 Prozent.[32] Die Gründe dafür liegen mitnichten in fehlender Intelligenz oder fehlendem Fleiß. Es ist vielmehr eine toxische Gemengelage aus den mangelnden Möglichkeiten der Eltern, ihre Kinder bereits im Frühkindesalter (nicht nur) sprachlich zu unterstützen und zu fördern, einem sehr früh trennenden und wenig durchlässigen österreichischen Schulsystem und impliziten, oft unbewussten Vorurteilen, mit denen sich Kinder mit Migrationshintergrund konfrontiert sehen. Das beeinflusst Schullaufbahnempfehlungen ebenso wie Benotung, zusätzliche Förderung, Aufmerksamkeit durch Lehrende und extracurriculare Möglichkeiten.

Doch institutionelle Diskriminierung entscheidet nicht nur stark über den eigenen Lebensweg, die Bildungsaussichten und Karrierechancen, sondern im Extremfall über Leben oder Tod. Ein krasses Beispiel aus der COVID-19-Pandemie ist der Tod einer jungen, schwarzen Frau in London. Die 36-jährige Mutter von drei Kindern verstarb, weil sie trotz starker Symptome nicht als Notfall eingestuft und somit nicht ins Krankenhaus aufgenommen wurde. Die strukturelle Diskriminierung von Menschen mit nichtweißer Hautfarbe oder Migrationsgrund im Gesundheitssystem war auch schon vor der Corona-Krise bekannt und ist gut dokumentiert. Sind sie dann auch noch weiblichen Geschlechts, potenziert sich die Ungleichbehandlung. Ihre Schmerzen nimmt man tendenziell weniger ernst, schiebt sie auf Psychosomatik oder Emotionalität, schreibt ihnen

Wehleidigkeit und Empfindlichkeit zu. Eine Studie aus den Niederlanden zeigt beispielsweise, dass medizinische Behandlungen und Beratungen für Menschen mit Migrationshintergrund im Schnitt kürzer sind als für Menschen ohne Migrationsgrund, und dass Ärzt*innen „verbal dominanter" seien, wenn sie marginalisierte Gruppen behandeln.[33]

Ähnlich verhält es sich im Bereich der Kriminalität. Oft wird die statistische Wahrscheinlichkeit, dass afrikanische Migrant*innen häufiger gegen das Suchtmittelgesetz verstoßen als Österreicher*innen, als Beweis für deren erhöhte kriminelle Energie oder generelle charakterliche Verderbtheit herangezogen. Ausgeblendet wird dabei die konkrete Lebensrealität sogenannter „statusloser Fremder", also Menschen ohne gültigen Aufenthaltstitel. Nach Jahren im Asylsystem und schlussendlich rechtskräftiger Ablehnung, die vielen Migrant*innen aus Ländern südlich der Sahara droht, haben sie keinerlei Möglichkeit mehr, jemals eine Arbeitserlaubnis zu erhalten. Der Rückkehr ins Herkunftsland stehen ökonomische Deprivation und soziales Stigma entgegen. Ihnen bleibt zum Überleben somit nur die Option zu stehlen oder zu rauben oder aber sich an sogenannten „illegalen Güter- und Dienstleistungsmärkten" zu beteiligen.[34] Das ist in der Regel Prostitution oder Drogenhandel, als Reaktion auf fehlende legale Einkommensoptionen und als letzte Möglichkeit, die eigene Unabhängigkeit und den letzten Rest Selbstwert zumindest rudimentär zu erhalten. Das Vorurteil, der Afrikaner auf der Straße sei ein Drogenhändler, mag sich also im individuellen Fall bestätigen, greift aber dennoch zu kurz, weil die strukturellen Gründe dafür im Verborgenen bleiben. Viel richtiger wäre es, Illegalisierung als Folge von Status- und Rechtslosigkeit zu begreifen, seine Ursachen zutage zu bringen und für strukturellen Wandel einzutreten.

Aber wie kann man solch einen Wandel wirksam herbeiführen? Wie kann man gesellschaftlich tief verankerte, normalisierte Vorurteile überhaupt wahrnehmen, geschweige denn überwinden? Kann institutionelle Diskriminierung überhaupt sinnvoll durch das Handeln Einzelner bekämpft werden?

Die Antwort auf diese Frage beginnt zwangsläufig damit, dass wir uns alle, unabhängig von der persönlichen Betroffenheit, verantwortlich fühlen. Wer zum Wir gehören will, ist auch dafür zuständig.

Konkret kann sich diese Zuständigkeit wie folgt äußern: Fangen wir damit an, uns im Alltag zu fragen, wo wir stereotyp denken, sprechen, handeln. Wo grenzen wir andere aus? Und noch wichtiger: Wo profitieren wir vom ausgrenzenden Gesellschaftssystem, und wie können wir eine systemische, nicht nur eine individuelle Änderung anstoßen? Das kann ein Beispiel wie jenes der Studentin sein, das können unbedachte (weil eben strukturell akzeptierte) Aussagen eines Kollegen, einer Freundin, einer Nachbarin sein, die wir einfach so stehen lassen, weil es halt bequemer ist, Augen und Ohren zu verschließen und lieber nicht als „kompliziert" aufzufallen, lieber nicht die vermeintliche Harmonie zu stören. Aber, und damit sind wir wieder bei den bereits zitierten Wachstumsschmerzen: Zusammenwachsen tut weh, und Konflikte sind kein Zeichen für fehlendes, sondern manchmal auch für gelingendes Aufeinanderzugehen.

Warum Wir?

Am Ende dieses Plädoyers für ein größeres, inklusive-res Wir bleibt eine Frage, die man genauso gut an den Beginn stellen könnte: Wozu eigentlich das Ganze? Oder auf gut Österreichisch: *Brauch ma des?* Warum dieses Wir, an dem sich so viele Politiker*innen, Expert*innen, Wissenschaftler*innen und die Zivilgesellschaft Tag für Tag mühevoll abarbeiten? Warum braucht man über-haupt ein Wir bzw. so viele verschiedene Wirs, an denen Menschen teilhaben und sich zugehörig fühlen wollen? Können wir nicht alle als Individuen existieren, als Du und Ich, wenn es das Wir, wie eingangs argumentiert, im Grunde ohnehin nicht gibt? Warum brauchen wir ein nationales Wir, in das man aufgenommen wird, ein familiäres Wir, ein Wir des Volkes, der Nation, der

Region? Fördern unterschiedliche Wirs und die Diskussion um deren Ein- und Ausschließungstendenzen nicht erst wieder die Betonung von Differenz?

Hinter all diesen bewusst provokanten Thesen steht die Frage nach der Identität bzw. dem, was in vielen Debatten heutzutage oft abwertend als „Identitätspolitik" bezeichnet wird. Sie ist eine Form des politischen Handelns, die als Ziel die höhere Anerkennung und politische wie gesellschaftliche Sichtbarkeit einer bestimmten sozialen Gruppe verfolgt. Diese Gruppe setzt sich aufgrund ethnischer, sexueller, kultureller oder sozioökonomischer Merkmale zusammen, zum Beispiel aus Frauen, Migrant*innen, Arbeitssuchenden, Menschen mit Beeinträchtigungen oder schwarzen Menschen. Es sind also nur vermeintliche Minderheiten oder gesellschaftliche Randgruppen. Ihnen allen ist gemein, dass sie für Repräsentation und Verbesserung ihrer rechtlichen wie sozialen Position kämpfen, in unterschiedlichen gesellschaftlichen Sphären. Das betrifft politische Teilhabe genauso wie wirtschaftliche Partizipation und Zugang zu Bildung, Gesundheit und Gemeinwesen.

Identitätspolitik bietet viel Angriffsfläche für Kritik, von Vorwürfen des fehlgeleiteten linken Kampfes bis zum Untergang des Abendlands. Sie wird für das Versagen linker Politik verantwortlich gemacht, die sich nun eben nicht mehr mit Macht- und Verteilungsfragen, sondern Gendersternchen und All-Male-Panels beschäftige. Prominente Kritiker wie Francis Fukuyama und Slavoj Žižek gehen sogar so weit, Identitätspolitik für das Erstarken rechtspopulistischer Strömungen, allen voran in den USA unter Donald Trump, verantwortlich zu machen: Anstatt sich um ökonomisch Ausgebeutete zu sorgen, konzentriere sich Identitätspolitik auf die Partikularinteressen immer kleinerer sozialer Gruppen und verliere das große Ganze aus den Augen. Anstatt universalistisch und vereinigend zu agieren, würde Identitätspolitik also erst recht zu gesellschaftlicher Spaltung und Betonung von Differenz beitragen.

Dieser Vorwurf stimmt dann, wenn Identität als fundamental und essenzialistisch verstanden wird und in weiterer Folge die daraus formierende Gruppe als homogen. Soziale Identitäten, die unsere Zugehörigkeit zu unterschiedlichen Wirs bedingen, sind aber eben nicht unbeweglich, unveränderbar und binär, und entspringen auch nicht einer vermeintlichen, homogenen „Essenz" unseres Wesens, das schon immer war und auch in Zukunft immer sein wird *(siehe Kapitel Wer ist Wir?, S. 17)*. Vielmehr gilt es, unsere Identitäten als fluid, kontextabhängig, intersektional und wandelbar wahrzunehmen. Die eigene Positionierung als Mitglied einer Religionsgemeinschaft bedeutet eben nicht, dass man nicht gleichzeitig auch eine geschlechtliche, nationale, sexuelle oder ethnische Identität hat, und dass diese unterschiedlichen Identitäten nicht ab und an auch in

Konflikt miteinander stehen können. Verschiedene Kontexte aktivieren bestimmte Gruppenzugehörigkeiten, während sie andere in den Hintergrund treten lassen.

Politische und gesellschaftliche Forderungen aus der Zugehörigkeit zu einem bestimmten Wir abzuleiten, bedeutet auch nicht, dass aus der Identität als Muslim, als Frau oder als Homosexuelle bestimmte Merkmale, Haltungen oder Einstellungen folgen müssen, kausal durch ebendiese Gruppenzugehörigkeit bedingt. Wird diese Dynamik der sozialen Positionierung aufgrund der eigenen, multiplen Identitäten in der politischen Diskussion ausgeblendet und Identität als rein binär, klar und gegeben angesehen, so greifen darauf aufbauende politische Forderungen in der Tat zu kurz.

Denn genauso wie Identitäten und Wir-Zugehörigkeiten sind auch unsere Solidaritäten mit einem Wir nicht starr und kontinuierlich. Eine vielfältige, dynamische und sich immer rascher verändernde Gesellschaft bringt auch stetig wechselnde Solidaritäten hervor. Zumindest zu Beginn der Corona-Krise erlebte Österreich, so wie viele andere Länder, eine neu erstarkte Solidarität mit bis dato eher gering geschätzten Systemerhalter*innen wie Supermarktangestellten, denen durch Trinkgeld, abendlichen Applaus und respektvolles Abstandhalten Anerkennung gezollt werden sollte, sowie mit älteren Menschen – der etwas unglücklich titulierten „Risikogruppe". Letzteres war in seiner konkreten Ausformung doch erstaunlich, bestimmten doch bis kurz vor Ausbruch der Pandemie noch hitzige Debatten über Generationenkonflikt, desillusionierte Millennials und privilegierte „Boomer" den politmedialen Diskurs. Dieses abrupte und teils überraschende Bewusstsein für die Notwendigkeit einer Solidarisierung aus einer fast konträren Situation heraus zeigt, wie unstet und wechselhaft Solidaritäten sind.

Der Soziologe Jörg Flecker und seine Kolleg*innen der Universität Wien identifizieren in ihrem Buch *Umkämpfte Solidaritäten*[35], basierend auf einer repräsentativen Befragung und vertiefenden Interviews, sogar sieben verschiedene Definitionen von Solidarität, von universeller Hilfeleistung bis hin zu Solidarität als moralische Verpflichtung. Ihnen allen gemein ist Nähe als Grundvoraussetzung: Um solidarisch denken und handeln zu können, bedarf es einer vertiefenden Auseinandersetzung mit jenen, denen man seine Solidarität angedeihen lässt. Deshalb stehen hinter all den verschiedenen Ausformungen von Solidarität unterschiedliche Arten und Kategorien des Wir: Ist das Wir national definiert, also anhand derselben Staatsbürgerschaft, oder kulturell, also anhand derselben Abstammung oder Werte? Sind es Wir, die Leistungsträger*innen, oder Wir, die aus demselben sozialen Milieu stammen? Wir, die Frauen, oder Wir, die Arbeiter*innen? Wir, die Migrant*innen, oder Wir, die Wiener*innen? Je nach

Situation sind diese Kategorien fließend, sie verändern sich im Laufe der persönlichen Biographie genauso wie in Anbetracht unterschiedlicher sozialer Kontexte oder großer globaler Umwälzungen wie eben einer Pandemie.

Aus diesem Blickwinkel betrachtet ist Identitätspolitik alles andere als die banale Nabelschau einer fehlgeleiteten linken Politik. Wie wir unsere Gruppenzugehörigkeiten und daraus folgend unsere (wechselnden) Solidaritäten definieren, ist Grundlage für politisches Handeln und politische Forderungen. Mit welchem Wir man sich identifiziert, zu welchem man zugehörig sein will und kann, bedingt auch die inhaltliche Positionierung, unter anderem in Form von Solidarität mit diesem Wir. Denn auch im Jahr 2021 ist Gruppenzugehörigkeit ein bestimmendes soziales Element. Zu welchem Wir man gehören muss und darf, determiniert weiterhin ganz wesentlich, wie und in welcher Form man an Wirtschaft, Politik, Kultur und Gesellschaft teilhaben kann. Das Wir, in das man ein- oder aus dem man ausgeschlossen wird, entscheidet über berufliches Vorankommen, Bildungschancen, Gesundheit und Lebenserwartung, Wohnverhältnisse und Überlebenschancen in Zeiten der Krise. Unsere soziale Ordnung, resultierend aus zugrundeliegenden Macht- und Herrschaftsverhältnissen, beruht ganz fundamental auf Gruppenzugehörigkeiten und sozialen Differenzen, wie zum Beispiel Geschlecht, Herkunft, sozioökonomischem Stand und

Hautfarbe. Die soziale Identität spielt für die Chancen, die ein Mensch im Laufe seines Lebens erhält, eine wesentliche Rolle.[36]

Und sie determiniert auch die Form und Intensität der Solidarität, die wir empfinden. Solidarität, die sich unter anderem im Einfordern von Rechten, Anerkennung und Sichtbarkeit für dieses Wir äußert. Genau das sehen wir in vielen Teilen der Welt unter dem despektierlichen Banner der „Identitätspolitik": Sie vereint die *Black-LivesMatter*-Bewegung genauso wie die Frauenbewegung, den Kampf um die Öffnung der Ehe für alle und den Arabischen Frühling. All diese Bewegungen eint, dass sie für eine radikale Neudefinition des Wir kämpfen – denn historisch betrachtet zeigt sich klar, dass es strategische Vorteile mit sich bringt, Teil des Wir zu sein. Das Wir bestimmt nicht nur über politische Rechte und Pflichten, sondern auch darüber, was als gesellschaftliche Norm gilt oder was eben eine „Abweichung" davon darstellt. Deshalb versuchen identitätspolitische Bewegungen wie die oben genannten, individuelle Verwundbarkeit allgemein bewusst zu machen, daraus resultierende Verletzungen ernst zu nehmen und sie gleichzeitig nach Möglichkeit zu minimieren, wie man es im Rückgriff auf Judith Shklars *Liberalismus der Furcht* formulieren könnte.[37] Diese Verwundbarkeit äußert sich etwa durch ein größeres Risiko, Opfer von Polizeigewalt *(BlackLivesMatter)* oder sexueller Belästigung (feministische Bewegung) zu werden. Und sie ist bedingt durch Marginalisierung und Ausschluss aus dem Wir, das über Machtverhältnisse und rechtliche wie soziale Ordnung bestimmt.

Die mitunter schmerzhafte Debatte ums Wir ist also deshalb so notwendig und unumgänglich, weil sie die radikale Forderung nach Anerkennung und Überwindung von Marginalisierung bedeutet. Das Wir bleibt bestimmend in einer Gesellschaft, in der Gruppenzugehörigkeit die eigene Verwundbarkeit oder eben Unversehrtheit, körperlich, ökonomisch und politisch determiniert. Soziale Differenz soll weder überwunden oder negiert noch betont oder fetischisiert werden. Sie soll unerheblich für die Teilhabe am Wir sein, sowohl rechtlich als auch ökonomisch und kulturell.

Je unterschiedlicher die neu hinzukommenden und die immer schon dagewesenen Mitglieder des Wir sind, desto lauter und brennender werden mitunter die Konflikte und umso heftiger der Schmerz des Zusammenwachsens. Aus der neuen Nähe von Anteilen, die bis dato so gar nicht zu- und ineinander gepasst haben, entsteht ganz besonders viel Friktion. Da gibt es vieles, was hakt, eitert, sich reibt und aufbricht, bevor es schlussendlich zusammenheilen kann. Das bedeutet aber nicht, dass das Zusammenwachsen misslingt, die Wunde offen und die Gesellschaft gespalten bleibt. Den Schmerz als das wahrzunehmen, was er ist – ein unangenehmer, aber gleichzeitig unabdingbarer Schritt zur Heilung – ist die beste, ehrlichste und nachhaltigste Chance auf ein neues Wir, die wir haben.

Anmerkungen

1   Statistik Austria. Mikrozensus-Arbeitskräfte-
    erhebung 2014.

2   Benedict Anderson. *Imagined Communities:
    Reflections on the Origin and Spread of Nationalism*
    (1991).

3   Umfrage MA827 des Market-Instituts, 2018. n = 800,
    repräsentativ für die österreichische Bevölkerung
    ab 16 Jahren; durchgeführt im Auftrag der Tages-
    zeitung *Der Standard.* Vergleich Deutschland: Infas-
    Institut für *Die Zeit:* n = 1501, Juni 2017.

4   Fred Luks. *Ausnahmezustand: Unsere Gegenwart
    von A bis Z* (2018).

5   Jan-Werner Müller. *Was ist Populismus? Ein Essay*
    (2016).

6   Laut Online-Datenbankabfragesystem BALI Web des
    Arbeitsministeriums, http://www.arbeitsmarktpoli-
    tik.at/bali/Query.aspx, vom 22. April 2020.

7   Statistik Austria. Mikrozensus-Arbeitskräfte-
    erhebung. Jahresdurchschnitt 2019.

8   Die von Geburt an erworbene Staatsbürgerschaft
    knüpft entweder an Abstammung („ius sanguinis",
    Recht des Blutes) oder das Geburtsland (lat. „ius
    sole", Recht des Bodes) an. Vgl. Markus Beham,

Melanie Fink und Ralph Janik, *Völkerrecht verstehen* (2. Auflage, 2019).

9 https://www.passportindex.org/byRank.php

10 UNHCR 2015. Zum Vergleich: Die gesamte EU nahm 6 Prozent aller weltweit geflüchteten Menschen auf, während 86 Prozent von ihnen Zuflucht in Entwicklungsländern fanden.

11 Laura Dobusch and Katharina Kreissl. "Privilege and burden of im-/mobility governance: On the reinforcement of inequalities during a pandemic lockdown." *Gender Work Organ* 27 (2020): 709–716. https://doi.org/10.1111/gwao.12462

12 Doris Weichselbaumer. "Discrimination Against Migrant Job Applicants in Austria: An Experimental Study." *German Economic Review* 18.2 (2017): 237–265.

13 Naika Foroutan, Frank Kalter, Coşkun Canan und Mara Simon. „Ostmigrantische Analogien. Konkurrenz um Anerkennung." Berlin: DeZIM-Institut (2019).

14 Aladin El-Mafaalani. *Integrationsparadox: Warum gelungene Integration zu mehr Konflikten führt* (2018).

15 Edward Said. *Orientalism* (1978); Gayatri Chakravorty Spivak. "Can the Subaltern Speak?" (1988).

16 Alyssa Schneebaum, Bernhard Rumplmaier and Wilfried Altzinger. "Gender and migration background in intergenerational educational mobility." Education Economics 24.3 (2015): 239–260.

17 Vgl. dazu Melisa Erkurt. *Generation haram: Warum Schule lernen muss, allen eine Stimme zu geben* (2020).

18 Vgl. dazu Johann Bacher. „215.500 Kinder leben in Österreich in beengten Wohnungsverhältnissen." A&W Blog (2020). https://awblog.at/215-500-kinder-in-beengten-wohnungsverhaeltnissen/

19 Julian Aichholzer, Christian Friesl, Sanja Hajdinjak und Sylvia Kritzinger (Hg.). *Quo vadis, Österreich? Wertewandel zwischen 1990 und 2018* (2019).

20 Peter Hajek und Jennifer Stark. *Integrationsbarometer 2/2017.* Integrationsbefragung. Wien: Österreichischer Integrationsfonds (2017). https://www.integrationsfonds.at/fileadmin/content/AT/Downloads/Publikationen/2017_2_Integrationsbarometer_WEB.pdf

21 Jakob-Moritz Eberl, Christine E. Meltzer, Tobias Heidenreich, Beatrice Herrero, Nora Theorin, Fabienne Lind et al. "The European media discourse on immigration and its effects: a literature review."

Annals of the International Communication Association 42.3 (2018): 207–223.

22 Lena Gorelik. „Fasst euch ein Herz." „Die Zeit" 9/2020, 20.2.2020.

23 Delan Devakumar, Geordan Shannon, Sunil S. Bhopal and Ibrahim Abubakar. "Racism and discrimination in COVID-19 responses." *The Lancet* 395.10231 (April 2020): 1194. Eigene Übersetzung.

24 Martin Daly. *Killing the Competition: Economic Inequality and Homicide* (2017).

25 Pablo Fajnzylber, Daniel Lederman and Norman Loayza. "Inequality and Violent Crime." *The Journal of Law and Economics* 45.1 (April 2002): 1–39.

26 Während Zahlen für Österreich fehlen, zeigt zum Beispiel eine Analyse des FBI für die Vereinigten Staaten, dass etwa die Hälfte aller Morde nicht einer vorhergehenden Tat (Drogenhandel, Raub, häusliche Gewalt oder finanzielle Auseinandersetzungen) zuzuschreiben ist, sondern dem sogenannten „other argument" – der simplen Tatsache, dass sich der Mörder in seiner Ehre gekränkt gefühlt hat. https://ucr.fbi.gov/crime-in-the-u.s/2015/crime-in-the-u.s.-2015/tables/expanded_homicide_data_table_10_murder_circumstances_by_relation-ship_2015.xls

27 Heather McGhee. *The Sum of Us: What Racism Costs Everyone and How We Can Prosper Together* (2021).

28 Kate Pickett und Richard Wilkinson. *The Spirit Level: Why More Equal Societies Almost Always Do Better* (2009).

29 Ableismus bezeichnet die Abwertung von Menschen mit Behinderung bzw. die Bevorzugung von bestimmten menschlichen Fähigkeiten, die als essenziell und arttypisch verstanden werden. Siehe dazu Fiona A. Campbell Kumari. *Contours of Ableism: The Production of Disability and Abledness* (2009).

30 Siehe dazu das WWTF-geförderte Forschungsprojekt der Österreichischen Akademie der Wissenschaften „COVID-19 im Flucht- und Integrationskontext – Soziale Implikationen der Pandemie für die syrische und afghanische Community sowie NGOs der Flüchtlingsbetreuung in Wien" von Josef Kohlbacher, Maria Six-Hohenbalken, Sabine Bauer-Amin, Petra Köck und Marie Lehner.

31 Mechthild Gomolla und Frank-Olaf Radtke. *Institutionelle Diskriminierung. Die Herstellung ethnischer Differenz in der Schule* (2002).

32 OECD. *Catching Up? Intergenerational Mobility and Children of Immigrants* (2017). https://doi.org/10.1787/9789264288041-en

33 Ludwien Meeuwesen, Johannes A.M. Harmsen, Roos M.D. Bernsen and Marc A. Bruijnzeels. "Do Dutch doctors communicate differently with

immigrant patients than with Dutch patients?"
Social Science & Medicine 63 (2006): 2407–17.

34 Walter Fuchs und Arno Pilgram. „Zuwanderung erhöht Kriminalität und straft Integrationserwartungen Lügen?" *Migration und Integration: Fakten oder Mythen*, Hg. Max Haller. Wien: Verlag der Österreichischen Akademie der Wissenschaften (2019): 125–137.

35 Annika Schönauer, Saskja Schindler, Ulrike Papouschek, Jörg Flecker und Carina Altreiter. *Umkämpfte Solidaritäten. Spaltungslinien in der Gegenwartsgesellschaft* (2019).

36 Siehe dazu und zum Mitdiskutieren: Paula-Irene Villa Braslavsky. „Wir brauchen neue Debatten zur Identitätspolitik", *Tagesspiegel* Causa, 14.1.2020. https://causa.tagesspiegel.de/gesellschaft/spaltet-identitaetspolitik-die-gesellschaft/wir-brauchen-neue-debatten-zur-identitaetspolitik.html.

37 Judith N. Shklar. *The Liberalism of Fear* (1989); siehe dazu auch: Jan-Werner Müller. *Furcht und Freiheit: Für einen anderen Liberalismus* (2019).

Foto © Andrea-Ioana Dumitrescu

Judith Kohlenberger

wurde 1986 in Eisenstadt geboren. Die promovierte Kulturwissenschafterin ist derzeit am Institut für Sozialpolitik der WU Wien tätig. Sie forscht zu Fluchtmigration, Integration und gesellschaftlicher Teilhabe. 2019 wurde sie mit dem Kurt-Rothschild-Preis für eine der europaweit ersten Studien zum Fluchtherbst 2015 ausgezeichnet. Sie lehrt an der WU Wien und der FH Wien, schreibt für den *FALTER Think Tank* und engagiert sich im Expertenrat *Migration.Integration. Teilhabe* sowie im Vorstand von *migrant* und *frida Asyl- und Fremdenrechtsberatung.*

morgen über

Petra Ramsauer
Angst

Wenn alles anders ist: Über Angst als kollektive Erfahrung und Druckmittel

„Haben Sie denn nie Angst?" – Diese Frage wurde Petra Ramsauer bislang am häufigsten in ihrem Leben gestellt. Die Reporterin berichtet seit über zwanzig Jahren aus Krisen- und Kriegsgebieten. Nun recherchiert sie im Land der Angst: Wovor fürchten wir uns zu Recht und zu Unrecht? Warum nehmen Angststörungen gerade in wohlbehüteten Staaten so zu? Wie verändert die Corona-Epidemie die Fieberkurve der Angst?

K&S übermorgen • ISBN: 978-3-218-01238-6 • 18,00 €

morgen
über

Erhard Busek
Muamer Bećirović

Heimat

Was ist Heimat?

Unter welchen Voraussetzungen entsteht ein Heimatgefühl?
Wie hat sich die Bedeutung des Begriffs historisch verändert?
Und wie können wir aus der Geschichte für die Zukunft lernen?
Zwischen Erhard Busek und Muamer Bećirović liegen fast zwei
Generationen. Was die beiden jedoch verbindet: Sie denken voraus.
Und liefern Ideen zur Gestaltung einer österreichischen, euro-
päischen und globalen Heimat.

K&S übermorgen • ISBN 978-3-218-01239-3 • 18,00 €

morgen über

Solmaz Khorsand
Pathos

Beherrschung ist etwas für Asketen.
Gelassenheit für Reiche. Ironie für Über-
lebende. Dem Rest bleibt nur das Pathos.

Pathos ist überall. Permanent sind wir bewegt, empört und berührt
von der Welt und wollen das mit allen teilen. Pathos bedeutet Macht.
Erst wenn die eigene Bewegtheit andere bewegt, kommen die Dinge
ins Rollen. Dann kann Pathos Veränderung bedeuten.
Solmaz Khorsand gelingt eine scharfe Analyse darüber, wessen
aufgeregtes Geheul Gewicht hat – und wem man rät, bitte nicht so
pathetisch zu sein.

K&S übermorgen • ISBN: 978-3-218-01256-0 • 18,00 €

morgen über

Jaqueline Scheiber
Offenheit

Ein Plädoyer für Zwischentöne
in einer lauten Welt

Jaqueline Scheiber öffnet jeden Tag ein virtuelles Fenster zu ihrer
Welt. Sie reflektiert präzise, warum sie es für unerlässlich hält, die
eigene Stimme zu erheben und gehört zu werden. Dabei beschreibt
sie den Balanceakt zwischen Öffentlichkeit und Privatheit und tritt
den Beweis an, dass „radical softness as a weapon" (Lora Mathis) die
Basis für ehrlichen Austausch, empathische Auseinandersetzung
und echte Veränderung ist.

K&S übermorgen • ISBN: 978-3-218-01237-9 • 18,00 €

Gedruckt mit freundlicher Unterstützung
durch die Kulturabteilung der Stadt Wien

www.kremayr-scheriau.at

ISBN 978-3-218-01255-3
Copyright © 2021 by Verlag Kremayr & Scheriau GmbH & Co. KG, Wien
Alle Rechte vorbehalten
Linolschnitt, Schutzumschlaggestaltung,
typografische Gestaltung und Satz: Sheila Ehm
Reihen-Konzept: Stefanie Jaksch
Lektorat & Korrektorat: Lucia Marjanović
Druck und Bindung: Finidr, s.r.o., Czech Republic